LE
POUVOIR SPIRITUEL

PAR

Emile CORRA

PRIX : 3 francs

PARIS

SOCIÉTÉ POSITIVISTE INTERNATIONALE

Rue de Seine, 54

—

1919

LE
POUVOIR SPIRITUEL

PAR

Emile CORRA

———— ✦ ————

PRIX : **3** francs

———— ✦ ————

PARIS

REVUE POSITIVISTE INTERNATIONALE

Rue de Seine, 54

——

1918

Le Pouvoir spirituel

« La formation d'un sacerdoce
« positif devient la première condi-
« tion d'une régénération non moins
« indispensable à l'ordre qu'au pro-
« grès. »

Auguste Comte.

Préambule

De même qu'il n'y a pas de société sans gouvernement, il n'y a pas, non plus, de société sans pouvoir
spirituel, c'est-à-dire sans un appareil propre à former
une opinion publique, en ralliant les hommes, en les
élevant et en dirigeant leur conduite privée, domestique et publique, à l'aide d'un système d'idées
communes.

Comme le gouvernement, et aussi la propriété, la
famille, le langage, la religion, à laquelle il est étroitement lié, le pouvoir spirituel est une institution
universelle et permanente. Mais cette institution
domine toutes les autres ; elle est l'âme de la civili-

sation et, dans la philosophie de son histoire, réside le secret de l'évolution.

C'est un fait d'observation qu'avec son lumineux génie Auguste Comte a découvert dès le début de sa carrière. Instruit par lui, il a constaté que la maladie révolutionnaire chronique, dont l'Humanité souffre depuis plusieurs siècles, est beaucoup plus intellectuelle et morale que politique, et toute son œuvre, toute sa vie ont été consacrées à l'étude des causes génératrices de cette maladie et à la détermination des moyens d'en guérir l'Humanité par la constitution d'un pouvoir spirituel apte, non seulement à satisfaire les idées et les besoins des sociétés contemporaines, mais à recueillir l'adhésion de tout le genre humain et à se perpétuer.

Le plan de ce vaste dessein, objet d'une longue carrière philosophique caractérisée par la plus admirable unité, est tracé dans les *Opuscules de philosophie sociale*, publiés par Auguste Comte de 1819 à 1828, en particulier dans les *Considérations sur le pouvoir spirituel*, datées de 1826 ; son exécution magistrale débute avec le *Cours de philosophie positive*, dont la publication s'étend de 1829 à 1842 ; son achèvement est représenté par le *Système de politique positive*, instituant la religion de l'Humanité (1851-1854).

Je me propose d'étudier cette conception capitale d'Auguste Comte, objet constant de sa pensée, surtout afin de montrer qu'elle est plus justifiée que jamais par l'état présent de l'esprit public et par les événements qui se déroulent dans le monde.

Dans ce but, je passerai successivement en revue :

les caractères propres du pouvoir spirituel ;

ses sources spontanées, élémentaires et permanentes ;

son organisation systématique dans le passé et les transformations que l'évolution historique lui a fait subir ;

son état présent ;

enfin, la manière scientifique dont son organisation peut être actuellement envisagée.

I

Caractères généraux
du pouvoir spirituel

Suivant la judicieuse remarque de l'économiste Louis Dunoyer, les pouvoirs dont l'homme dispose se divisent en deux grandes catégories : la catégorie des pouvoirs qui agissent sur les choses ; la catégorie des pouvoirs qui agissent sur les hommes.

Ce dernier mode d'énergie est lui-même susceptible de décomposition. L'action sur les hommes peut s'exercer au moyen de la force, du commandement, de l'autorité, ou du conseil et de la persuasion.

Le pouvoir de l'homme sur les hommes est matériel ou spirituel.

Le pouvoir spirituel est l'ensemble des moyens par lesquels on agit sur l'âme des hommes ; mais ce pouvoir n'est pas, non plus, un pouvoir simple ; il peut s'exercer sur la raison, sur l'intelligence, ou sur les sentiments, sur le cœur.

Il existe donc un pouvoir spirituel intellectuel, et un pouvoir spirituel moral.

Ces deux pouvoirs sont indépendants.

On rencontre fréquemment des individus, même des collectivités, doués d'intelligence et dépourvus de sens moral. Le cas de l'Allemagne actuelle est très démonstratif à cet égard ; il suffirait seul à permettre de distinguer le pouvoir spirituel en intellectuel et moral, si cette distinction n'existait déjà ; car l'intelligence, même scientifique, est très développée dans ce pays et la moralité s'y montre, au contraire, très basse.

Inversement, les sentiments, aveuglés par l'erreur ou surexcités par le fanatisme dans des natures d'une faible intelligence, peuvent engendrer une force morale, et même sociale, terrible.

Les récents événements Russes en donnent une preuve nouvelle.

Mais, quel qu'il soit, comme son nom l'indique, le pouvoir spirituel est invisible, intangible ; souvent il ne revêt aucune forme sensible et se distingue ainsi nettement de la force physique, de la force du nombre et de la puissance de la richesse, manifestations les plus caractéristiques du pouvoir matériel.

Tout ce qu'on peut objectivement constater, en ce qui le concerne, c'est qu'il a son siège dans le cerveau, spécialement dans les facultés actives qui président aux constructions subjectives.

Le pouvoir spirituel se différencie de la force qui agit sur les choses et de celle qui agit sur les hommes, en atteignant leurs biens matériels ou leur sensibilité physique, par le fait qu'il n'exerce son action que sur les idées et sur les sentiments et que tous les moyens, auxquels la force recourt, sont inopérants à son égard.

Il n'a pas besoin de la contrainte et la contrainte ne peut le réduire.

Le bras séculier peut le seconder ; il ne peut ni le créer ni l'anéantir.

Ce n'est pas à coups de canon, par exemple, qu'on modifiera la mentalité des Chinois, ou que les Allemands transformeront en sympathie l'inimitié qu'ils inspirent à la grande majorité du genre humain.

Nul n'a, n'eut et n'aura jamais le pouvoir d'obliger autrui à penser à sa guise.

Les persécutions des Romains contre les premiers chrétiens, celles des catholiques contre les Juifs, les

férocités des Inquisiteurs, les guerres de religion, la
révocation de l'édit de Nantes, l'abjuration arrachée
à Galilée, les obstacles opposés à l'éclosion de la
philosophie moderne sont autant de témoignages historiques imposants de cette impuissance.

Il en sera de même des vaines tortures auxquelles
les Allemands s'ingénient à recourir pour briser le
moral des populations du Nord de la France, de la
Belgique, ou de nos prisonniers.

Un autre exemple actuel, simple, mais bien caractéristique, de la différence de nature et d'effet des
pouvoirs spirituel et temporel, est le respect scrupuleux des jeûnes prescrits par les religions et les difficultés insurmontables que les gouvernements éprouvent,
malgré tous les moyens de contrainte dont ils disposent, à rendre les restrictions alimentaires effectives
quand les intérêts patriotiques les plus graves leur
commandent de recourir à ces mesures.

Au surplus, l'autorité temporelle d'un homme est
naturellement passagère ; elle s'éteint avec lui ; elle
disparaît même quand il n'exerce plus la fonction qui
la lui confère.

Au contraire, le pouvoir spirituel, inhérent aux
idées morales, philosophiques ou scientifiques qu'un
auteur introduit dans le monde, lui survit sans fai-
blir ; il peut durer et même s'accroître indéfiniment.

Le pouvoir spirituel n'est pas limité par le temps ;
il ne l'est pas davantage par l'espace. Il n'existe pour lui
ni époques, ni frontières. Les opinions et les croyances,
conformes aux besoins fondamentaux et aux aspirations
constantes de la nature humaine, se transmettent d'âge
en âge et se diffusent parmi toutes les nations.

Le pouvoir spirituel dispose de l'universalité, comme
de l'éternité.

Partout où il se trouve, quels que soient sa nationalité et le temps dans lequel il vit, l'homme subit l'empire de certaines formes de ce pouvoir, créées des milliers d'ans avant lui.

Enfin le pouvoir spirituel est la force prépondérante qui imprime aux sociétés humaines leur mouvement.

Il domine l'histoire générale de l'Humanité. Toutes les grandes révolutions mentales, morales et sociales sont essentiellement son œuvre et non celle du pouvoir temporel, quelque puissant qu'il se soit montré.

En réalité, depuis le début de la civilisation, le pouvoir temporel n'est qu'un pouvoir dérivé ; il est l'émule du pouvoir spirituel ; mais ce dernier conditionne sa constitution, son action, ses changements. Car le pouvoir temporel ne peut subsister longtemps sans harmonie avec l'opinion publique et jamais il n'a pu provoquer une modification quelconque des opinions et des mœurs ; au fond, il se borne à garantir et sanctionner celles que la persuasion ou l'imitation font spontanément surgir.

Mais, tandis que l'opinion publique n'est qu'un moyen pour le pouvoir politique, elle constitue le but et la substance même du pouvoir spirituel.

Il n'existe pas de pouvoir spirituel florissant sans opinion publique unanime. C'est par cette opinion, seule, que les opinions individuelles se transforment en force sociale et l'évolution de cette force résulte des changements que subissent les idées et les mœurs collectives.

L'étude philosophique du pouvoir spirituel comporte donc une analyse préalable de toutes les sources de l'opinion publique, c'est-à-dire de tous les agents qui, par persuasion, exercent leur influence sur la raison et le cœur des hommes, quelles que soient, d'ailleurs, la génération et la société auxquelles ces hommes appartiennent.

II

Sources élémentaires
du pouvoir spirituel

Le pouvoir spirituel est d'essence immatérielle et subjective ; mais ce n'est pas une entité métaphysique.

Il est réellement engendré et effectivement exercé par des organes concrets, objectifs, les uns naturels, élémentaires, spontanés, diffus et permanents, les autres artificiels, complexes et coordonnés selon des modes variables dépendant des stades de l'évolution.

L'étude des sources originelles du pouvoir spirituel doit naturellement précéder celle de son organisation systématique.

Le pouvoir spirituel, naturel et spontané, se décompose :

en pouvoir spirituel intérieur, siégeant dans l'individu même ;

et en pouvoir spirituel extérieur, dérivant de sources multiples indépendantes de l'individu.

§ 1. — Pouvoir spirituel intérieur

La source primitive du pouvoir spirituel réside dans notre propre constitution psychologique en vertu de laquelle nos actes sont régis par les instincts héréditaires qui nous animent et par les idées qui nous guident.

Quand nous les accomplissons en pleine liberté, ces actes traduisent nos penchants égoïstes, nos sentiments bienveillants ou nos pensées propres,

En dehors de toute éducation artificielle, comme on le voit chez les sauvages, notre constitution cérébrale nous impose même une conception du monde, de la vie, de l'homme et de la société, et les faits subissent toujours dans ce laboratoire des déformations telles qu'un coefficient personnel s'introduit jusque dans les observations scientifiques.

Quot capita tot sensus.

Chaque tête humaine est le siège d'un pouvoir spirituel particulier.

Tant que la raison reste à l'état d'enfance, tant qu'elle est étouffée sous les inspirations luxuriantes, tumultueuses et incohérentes du sentiment, tant que l'imagination n'est pas disciplinée et rectifiée par l'observation, l'individu extériorise intégralement son moi ; il croit à l'objectivité de ses visions intérieures ; il vit dans un monde peuplé des fantômes qu'il crée, beaucoup plus que dans le monde réel, d'autant mieux qu'il s'assimile alors tous les êtres, inertes ou vivants, et leur attribue des dispositions et des volontés analogues aux siennes.

Ainsi prennent spontanément naissance le fétichisme, le mysticisme et la croyance aux agents surnaturels, sous l'influence d'un état mental par lequel l'homme civilisé débute toujours dans le cours de son évolution.

L'âge se borne, d'ailleurs, à modifier cet état primitif ; sous la forme de l'intuition, de l'autosuggestion, des cures mentales et morales, des vocations, des croyances, des opinions et de l'idéal individuels, il atteste sa persistance pendant toute la durée de la vie.

En science même, toute découverte dérive généralement d'une hypothèse et d'une théorie préalables que l'expérience se borne à contrôler et à rendre impersonnelles ; car « il n'y a pas plus d'observations sans théories que de théories sans observations ». (1)

Le savant ne trouve ordinairement que ce qu'il cherche. « La science est fille de l'imagination. » (2)

Du pouvoir spirituel intérieur résultent encore nos goûts, nos besoins personnels, nos habitudes, nos soucis, nos passions et nos vices, souvent très tyranniques.

Il est la cause initiale de la synthèse cérébrale de chacun, de la diversité des aptitudes, des idées et des professions des membres d'une même société et d'une même famille.

La manifestation la plus énergique de ce pouvoir consiste dans la capacité de porter, sans nous laisser écraser par lui, le lourd fardeau de toutes nos hérédités animales. C'est l'empire de l'individu sur lui-même, la force d'âme grâce à laquelle il parvient à se dominer et s'incline volontairement devant d'autres forces.

Faute de ce résultat si médiocre qu'il soit, les autres modes du pouvoir spirituel restent inefficaces, ainsi qu'il arrive dans l'hallucination et la folie, où la subjectivité prédomine comme dans le rêve, à ce point que l'individu ne discerne plus la réalité objective. Car le pouvoir spirituel n'émane pas seulement de nous ; il émane aussi de nos semblables, et même des êtres inertes et des autres êtres vivants.

§ 2. — Pouvoir spirituel des milieux cosmologique et biologique

Le pouvoir spirituel intérieur, à la domination duquel tout individu est constamment soumis, est

(1) Auguste Comte.
(2) Claude Bernard : *La médecine expérimentale.*

entretenu, soutenu, excité, modifié et, par bonheur, réglé, par celui des milieux au sein desquels nous vivons. Parmi ces milieux, qui constituent le monde extérieur à notre organisme, se trouvent d'abord le milieu cosmologique et le milieu biologique, où pullulent des êtres et où s'accomplissent continuellement des phénomènes qui s'imposent impérieusement à notre attention, d'autant plus qu'ils nous opposent des difficultés que nous sommes contraints de vaincre pour subsister.

L'homme n'est pas un animal passif. Les conditions de son existence l'obligent à agir et réagir sans cesse.

Par l'intermédiaire de ses sens, il reçoit d'une façon permanente, du monde extérieur, des impressions qu'il emmagasine et analyse. Ces impressions règlent notre moralité et notre intelligence ; elles établissent l'unité et maintiennent la continuité spirituelle dans notre espèce.

Le monde extérieur provoque, en effet, en nous des émotions douces ou terrifiantes ; il nous donne des sensations de plaisir ou d'horreur, de confiance ou d'antipathie, et notre conduite est conditionnée par les sentiments qu'il nous inspire.

C'est pourquoi, à la tête des procréateurs de la vie spirituelle, morale et intellectuelle, figurent tous les grands spectacles de la nature, tous les grands fétiches collectifs, qui influent puissamment sur l'âme humaine. Nous frémissons d'épouvante devant eux ou nous nous plaisons dans leur contemplation et, très souvent, ils suffisent, seuls, à l'occupation de notre pensée.

Il en est ainsi, par exemple, de la terre nourricière, progressivement devenue une œuvre d'art de l'Humanité, de la montagne, de la plaine, de la mer, du ciel lumineux, du printemps, de l'automne, de la nuit étoilée ou profonde.

Les grandes solitudes, le murmure des ruisseaux, la chute des torrents, le souffle du vent dans les bois, l'orage, la tempête, les perturbations atmosphériques sont des sources d'émotions dont nul ne peut se défendre et qui constituent la monnaie courante des conversations banales.

L'humeur d'un grand nombre de natures, même très cultivées, varie avec l'état de ces spectacles et de ces phénomènes.

Ce sont les sources naturelles de la poésie, de la peinture, du chant, de la musique, de l'admiration et du respect, et nous leur empruntons d'innombrables images pour l'expression de nos sentiments et de nos idées.

Pendant toute la période de l'évolution mentale consécutive au Fétichisme, où le sentiment était sans rival, alors que l'esprit humain faisait l'analyse qualitative du monde et ne pouvait procéder encore à son analyse quantitative, les images tenaient une telle place dans les conceptions et dans le langage qu'Auguste Comte a pu dire que l'Humanité obéissait alors à la logique des images.

Le Polythéisme, notamment, fut le règne de l'imagination qui, d'ailleurs, comme le sentiment, n'emprunte pas uniquement ses matériaux au monde cosmologique.

Les êtres vivants, plantes et animaux, nous inspirent aussi de la crainte ou de la sympathie ; ils nous fournissent des enseignements sans nombre et, comme les êtres inorganiques, ils agissent sur la formation et le développement de notre intelligence et de notre sentimentalité.

Pour cet ensemble de raisons, toutes les religions primitives ont eu pour dogmes la divinisation et l'adoration des grandes forces de la nature et celles de quelques espèces d'animaux ou de plantes.

C'est pourquoi la reproduction figurée des animaux et des plantes fut l'objet des arts plastiques à leur naissance ; ils servent toujours de modèles à la sculpture et à la peinture et quelques-uns de leurs attributs forment la plus grande partie des signes de l'écriture idéographique, souche de toutes les autres.

De toute manière, l'homme est subordonné au monde. La majorité de ses connaissances et des sciences qu'il a construites ont le monde pour objet et, suivant le précepte de la méthode positive, nous devons nous efforcer de faire d'abord de notre cerveau un miroir aussi fidèle que possible du monde extérieur.

Toutes les sciences ont leur origine, leurs bases naturelles, leur fondement perpétuel, dans le monde extérieur.

Les idées de nombre, de forme, de mouvement, d'espace, d'infini, de durée, de pesanteur, de chaleur, de lumière, de son, d'électricité, d'être et de phénomène nous sont imposées par lui.

Le dehors est toujours pour le dedans un aliment, un stimulant et un régulateur. La science n'est jamais, comme le disait Auguste Comte, que le prolongement du bon sens.

Toutefois, une portion du milieu cosmologique remplit plus particulièrement les conditions sus énumérées ; il exerce sur nous une influence intellectuelle et morale plus forte que toutes les autres. C'est la partie de la terre dans laquelle nous naissons et sommes élevés. Celle-là sert de substratum matériel à l'attachement que l'homme éprouve pour le sol, à l'amour du clocher, au patriotisme. Son pouvoir spirituel est plus particulièrement actif.

Néanmoins, c'est surtout par l'intermédiaire d'autres

êtres humains que le pouvoir spirituel s'exerce maintenant sur nous et le monde extérieur lui-même nous est aujourd'hui beaucoup plus exactement révélé par les interprétations des maîtres qui nous instruisent que par nos propres sens.

§ 3. — Pouvoir spirituel du milieu domestique

1. — Action spirituelle des parents, lorsqu'ils agis..ant par persuasion et non par commandement. Action spirituelle des frères et sœurs aînés.

Au premier rang des sources humaines, élémentaires, du pouvoir spirituel, se trouve naturellement la famille.

Réduction de la société, école mutuelle, laboratoire des idées et des mœurs propres à chacun de nous, la famille est le foyer central et perpétuel du pouvoir spirituel.

C'est dans son sein que nous apprenons la première langue que nous parlons, si justement nommée langue maternelle, qui sert de véhicule à toutes les idées qui nous sont inculquées ; c'est par elle que notre initiation intellectuelle, morale et religieuse, débute.

— « Tout ce que je sais, je le tiens de ma mère, disait Jeanne d'Arc. C'est elle qui m'enseigna toute ma croyance. »

Les pouvoirs temporel et spirituel se trouvent, il est vrai, confondus dans la famille, surtout au début de la civilisation, dans la personne du père ; mais, aux époques mêmes où l'autorité paternelle était le plus concentrée, le pouvoir spirituel y tint toujours une large place.

À plus forte raison, en est-il ainsi dans la famille contemporaine, où les sentiments altruistes prédominent sur les sentiments égoïstes chez les ascendants.

L'éducation familiale est, désormais, l'œuvre du conseil, de l'amour et de la liberté, autant que de l'autorité. Le père et la mère font appel au cœur et à la raison avant de commander et le respect, la reconnaissance qu'ils inspirent, quand ils remplissent dignement leur fonction, sont une des sources les plus fécondes et les plus exquises du pouvoir spirituel.

Le père incarne ordinairement la forme intellectuelle de ce pouvoir, la mère la forme morale

L'influence des frères et sœurs aînés constitue un autre mode suivant lequel le pouvoir spirituel s'exerce aussi dans la famille, d'une manière élémentaire, mais très efficace, quoique secondaire.

Toutefois, le milieu domestique est surtout le royaume spirituel des vieillards, des femmes et des enfants. Ces éléments y exercent une autorité morale permanente dont les effets salutaires se communiquent à la société tout entière.

2. — Action spirituelle des vieillards

Les vieillards sont les premiers sages, la première autorité morale constituée qui aient surgi dans l'Humanité.

Avec eux, le pouvoir spirituel prend une forme précise ; il devient actif et traditionnaliste.

Ce nouveau genre est une institution naturelle, spontanée. Il prit naissance avec les hommes les plus intelligents, les plus habiles et surtout les plus expérimentés. C'est principalement à l'expérience que ceux qui parviennent à l'âge mûr et à la vieillesse doivent leur ascendant dans les sociétés primitives.

2

Depuis le jour où leur conservation fut assurée, les vieillards sont les dépositaires et les administrateurs du capital spirituel ; ils servent de régulateurs à la marche de l'espèce humaine par leurs conseils et leur exemple, au point de vue pratique, intellectuel, moral et social.

Pratiquement et intellectuellement, le vieillard est capable d'une prévoyance à laquelle, faute d'expérience, les jeunes gens prétendraient en vain.

La jeunesse est caractérisée par le courage et la mobilité, la vieillesse par le calme, la prudence et la stabilité.

Les vieilles perdrix, les vieux lièvres, les vieux chevreuils, les vieux sangliers qui ont antérieurement échappé au danger de la fusillade ou à la poursuite des chiens, sont plus difficiles à surprendre que les animaux inexpérimentés de même espèce.

Les vieux chasseurs, les vieux pêcheurs, les vieux agriculteurs, les vieux ouvriers, les vieux praticiens, dans tous les genres, acquièrent, par l'exercice, des connaissances, des « tours de main », du savoir faire, dont ils ne peuvent souvent justifier la raison, mais qui sont très profitables aux jeunes gens, lorsqu'ils consentent à les leur enseigner par l'exemple.

D'autre part, l'âge et la pratique de la vie tempèrent les passions chez les vieillards ; ils sont moins impulsifs, moins crédules, moins disposés à l'illusion ; ils sont aussi plus indulgents et se distinguent par des dispositions à la sérénité et à la justice.

Le vieillard est l'homme de bon conseil sous le rapport moral comme sous le rapport intellectuel et pratique.

Toutefois, la fonction des vieillards ne consiste pas toujours à modérer les ardeurs de la jeunesse ; ils peuvent aussi servir de stimulants à celle-ci et remplir l'office de conservateurs d'enthousiasme et d'énergie ; ils jouent notamment ce rôle dans les époques de scepticisme, où les jeunes gens offrent le triste spectacle d'une réfrigération précoce, sont atteints de ramollissement civique et se montrent dénués d'aspirations généreuses au point de se laisser absorber par l'unique souci de leurs minuscules intérêts personnels et de considérer ce pernicieux état d'âme comme une conception de la vie bien supérieure à celle de leurs aînés.

Les vieillards peuvent fournir l'exemple du dévouement et du sacrifice au bien public. Il n'est pas rare de les voir préoccupés, selon l'expression du fabuliste, « de se donner des soins pour le plaisir d'autrui ».

Au point de vue social, enfin, le vieillard est l'histoire incarnée. C'est le témoin vivant, souvent l'acteur, des événements passés. C'est un archiviste naturel. Sa mémoire est riche de faits dont on ne trouve, nulle autre part, le récit détaillé, surtout avant l'invention de l'écriture. Il est l'organe de la tradition et de la continuité.

Avec lui, l'enseignement oral a débuté ; les innovations ont été soumises au contrôle d'une critique éclairée, les mœurs censurées, les coutumes consacrées.

Aussi l'influence bienfaisante des vieillards fut-elle, de bonne heure, spontanément reconnue. Non seulement la prescription de leur respect est un des principes moraux les plus primitifs et les plus répandus, mais les sociétés antiques avaient généralement institué des conseils d'anciens, dont nos sénats contemporains ne sont que le prolongement.

Pour toutes ces raisons, la Révolution française, dans sa mémorable tentative d'éducation populaire, exclusivement basée sur le sentiment et la raison, avait

très légitimement institué une fête de la Vieillesse, qui
se célébrait à l'automne, dans le but d'associer « le
déclin des ans », « au déclin des saisons ». Des chants,
des hymnes, d'une haute inspiration philosophique et
sociale, furent composés pour ces fêtes et, dans toutes
les cérémonies publiques, les places d'honneur étaient
alors réservées aux vieillards.

3. — *Action spirituelle des femmes*

Les femmes ont, de leur côté, plus efficacement
encore que les vieillards, contribué à la moralisation
continue de l'espèce humaine. L'amélioration graduelle de leur condition, lentement, silencieusement
et patiemment conquise, l'atteste d'une manière irré-
cusable.

Les femmes sont une des meilleures sources du
pouvoir moral en tant que mères, d'abord, puisqu'elles
sont les premières éducatrices.

Leur affection instinctive, leur tendresse, leur
dévouement pour leurs enfants modifient très heureusement ceux-ci, même dans la vie sauvage où les soins
maternels sont très prolongés.

Véritable vestale de la morale, la mère entretient
dans la famille, champ naturel de son activité, le feu
sacré des sentiments bienveillants, par ses rappels vigi-
lants à la discipline sociale, ses conseils, ses jugements
et, mieux encore, par ses continuels sacrifices pour
les siens.

Mais les femmes ne contribuent pas à l'éducation
seulement par cette action directe sur leur progéniture
et sur leur entourage.

Le spectacle de leur zèle maternel et familial, leur
pitié plus grande, leur sentimentalité plus développée,

leur grâce et leur douceur habituelles, leur répulsion pour la violence, exercent, en outre, une influence salutaire, permanente, sur les idées et sur les mœurs générales.

La transformation de leur condition sociale originelle est le fruit d'une évolution millénaire, uniquement due à leur prestige moral et à l'action suggestive que leur nature et leur conduite n'ont cessé de provoquer ; elles ont amélioré leur sort en attendrissant le cœur des hommes.

La comparaison de la destinée de la femme à l'état primitif et dans les civilisations avancées, est le fait le plus propre à mettre en évidence l'aptitude de l'ensemble de notre espèce au perfectionnement moral, à donner la mesure des progrès accomplis dans la moralité pendant tout le cours des âges antérieurs, et à justifier l'espoir de progrès ultérieurs.

En effet, — l'observation des sociétés sauvages survivantes le démontre, — en raison de sa faiblesse physique, la femme ne fut d'abord qu'une misérable prostituée, une sorte de bête de somme maltraitée et de gibier.

A la merci de tous les mâles de la tribu, astreinte aux besognes les plus rudes et les plus répugnantes, asservie comme les ânes, brutalisée comme les chiens, nourrie comme eux des restes du repas de ses maîtres, qui considèrent comme ignoble toute occupation autre que la chasse et la guerre, elle est alors dans l'état le plus pitoyable qu'on puisse concevoir ; car elle est, par surcroît, l'objet d'un mépris dogmatique, dont on retrouve les tristes vestiges dans les légendes religieuses et dans les codes de tous les peuples : Bible, lois de Manou, poèmes d'Hésiode, législation de la Grèce et de Rome, Coran, état de minorité où l'orgueil masculin l'a longtemps maintenue, en Occident, et où elle végète encore dans l'Orient et l'Extrême Orient.

Cependant, les femmes furent, avec les vieillards, le premier pouvoir modérateur et modificateur de la force.

De sa position primitive abjecte, la femme s'est graduellement élevée à celle de compagne de l'homme et d'emblème de la morale sociale, parce qu'elle avait, sur ses tyrans, une supériorité native, due à sa douceur, à sa bonté, à son dévouement, stimulés et entretenus par l'exercice prolongé de la maternité. Finalement, elle a subordonné ses oppresseurs.

A mesure que les mœurs s'améliorèrent, dans les lieux favorisés par la clémence du climat et l'abondance des ressources alimentaires, quand on dût séduire la femme au lieu de la violer, quand la polygamie et surtout la monogamie succédèrent à la promiscuité, les qualités féminines s'épanouirent et servirent d'idéal aux sociétés.

Contrairement à l'opinion ténébreuse qui confère à la force, seule, la capacité de gouverner, l'être faible a, dans ce cas, triomphé du fort et la civilisation lui doit ses résultats les plus délicats et les plus précieux.

Les moralistes l'ont reconnu dès l'antiquité ; ils ont exalté les mérites de la femme en Egypte, en Palestine, en Grèce, où, quoique recluse dans le gynécée, elle fit preuve d'une majesté morale immortellement dépeinte dans *l'Odyssée* d'Homère et dans les tragédies de Sophocle et où un culte idéal lui fût rendu. Les qualités humaines les plus délicates, divinisées par le Polythéisme, étaient en effet personnifiées par des femmes, Minerve, Junon, Vénus, Uranie. Toutes les poésies de la nature étaient de même féminisées sous la figure de Diane, Cérès, Flore, Pomone, des Dryades et des Nymphes. Toutes les muses enfin étaient femmes.

Dans la suite, les matrones romaines, les saintes dont le Catholicisme bénit la mémoire, les châtelaines du moyen âge, gardiennes du domaine pendant que les seigneurs guerroyaient, protectrices des trouvères, idoles des chevaliers, arbitres des tournois, des jeux floraux et des cours d'amour, et, plus tard, les reines des salons littéraires et philosophiques des xviie et xviiie siècles, caractérisèrent le pouvoir spirituel de plus en plus fécond des femmes ; elles resteront le symbole éternellement vénéré de ce pouvoir pour chacune des époques historiques dans lesquelles elles l'ont fait resplendir.

De nos jours, pleinement associées à la vie masculine, domestique et publique, les femmes contribuent, de mieux en mieux, comme éducatrices à perfectionner notre nature et à régler les mœurs, en imposant plus de retenue, de dignité, de délicatesse, au langage et aux actes.

Les femmes bien élevées sont les meilleures maîtresses de morale.

De plus, par leur patriotisme, par leur dévouement social, par la multiplicité de leurs services, les femmes viennent d'acquérir, au cours de la guerre, de nouveaux titres à la qualification de providence morale de l'Humanité, dont Auguste Comte les a légitimement gratifiées.

Ainsi, de tous temps, malgré sa faiblesse physique relative, la femme s'est imposée au respect par le seul ascendant de ses qualités personnelles ; elle est actuellement entourée d'égards et d'estime, dont le développement donne la mesure du degré de civilisation atteint par chaque société. Car la civilisation est caractérisée par la moralisation sociale de la force, par le dévouement des forts aux faibles, par l'épanouissement des

sentiments altruistes, dont la culture est plus spécialement l'apanage de la femme.

4. — *Action spirituelle des enfants.*

En vertu des conceptions qui précèdent, les enfants
eux-mêmes sont des éléments naturels, importants, du
pouvoir moral qui modifie, spontanément et sans contrainte, la nature humaine.

C'est par eux que la notion du dévouement des forts
aux faibles s'est primitivement introduite dans l'Humanité, bien qu'à l'origine, ils n'aient pas été, moins que
les femmes, victimes de la brutalité. C'est par eux que
cette notion est toujours imposée avec le plus de
vigueur.

Les enfants, en effet, ne resserrent pas seulement les
liens affectueux qui unissent leurs générateurs ; ils ne
contribuent pas seulement au développement de leur
attachement réciproque. Par le fait seul de leur apparition dans un ménage, ils en transforment profondément les conditions ; ils y déterminent l'éclosion de
sentiments nouveaux, de devoirs nouveaux. Sans savoir
parler, ils enseignent éloquemment la bonté, la prévoyance, le dévouement ; ils subordonnent, en raison
même de leur faiblesse, qui exige des soins continus,
toute la vie intellectuelle, morale et pratique, de leurs
parents qui, trop souvent, les adorent comme des
idoles.

Cependant, les enfants ne se bornent pas à contribuer
à l'éducation morale de ceux qui les élèvent ; ils concourent aussi très activement à leur éducation intellectuelle, en leur fournissant, sur le fond de la nature
humaine et sur son évolution, des lumière d'une valeur
inestimable.

De toute manière, la situation, graduellement conquise par l'enfant est, comme celle de la femme, une démonstration sans réplique de l'absurdité de la théorie qui représente la force commé primant et créant le droit.

§ 4. — Pouvoir spirituel du milieu social

1. — Action spirituelle générale du milieu social.

La famille n'est qu'une société moléculaire. Il est impossible de concevoir l'individu sans elle ; mais elle est elle-même agrégée au milieu social ; elle lui est subordonnée et le pouvoir spirituel qu'elle exerce sur ses membres ou, que ces derniers exercent par son intermédiaire provient originellement de ce milieu social.

D'autre part, l'enfant n'est pas exclusivement élevé par et pour la famille ; il entre rapidement en contact avec d'autres familles et d'autres éléments du milieu social.

Chaque famille appartient à une catégorie déterminée. De ce fait, les hommes sont soumis à une première éducation sociale correspondant à la classe dont leur famille fait partie.

Leur éducation résulte à la fois de leurs parents et des autres familles avec lesquelles ceux-ci sont en relations.

Or, l'enfant, le jeune homme, l'homme lui-même subissent l'ascendant et la contagion morale de ceux qu'ils fréquentent.

De là, l'importance du choix des relations dans l'éducation. Car le pouvoir spirituel n'est pas toujours bienfaisant : il peut inciter au mal comme au bien.

En effet, l'influence du milieu, suivant la formule moderne, est toute spirituelle.

Nous subissons tous, de la sorte, pendant notre enfance et notre jeunesse, souvent inconsciemment, l'influence, salutaire ou néfaste, de quelque compagnie, de quelque camaraderie, de quelque liaison, dont la nature peut déterminer l'orientation ou la physionomie de toute une existence individuelle.

Dans le même genre d'influences sociales, il faut placer l'imitation, d'où résulte la mode dans tous les domaines de l'activité intellectuelle, morale et pratique, et l'habitude qui n'est qu'une autosuggestion ou, selon la remarque de Cabanis, une tendance à s'imiter soi même.

Le pouvoir spirituel est un pouvoir essentiellement populaire. Chacun l'exerce plus ou moins, intentionnellement ou à son insu, à tous les âges et dans toutes les circonstances de sa vie.

La conversion aux nouvelles doctrines, notamment, résulte surtout de relations personnelles.

De nos jours encore, par exemple, bien que la liberté de parler, d'écrire, de se réunir, fournisse aux idées des moyens de diffusion qu'elles ne possédaient pas autrefois, la propagation de certaines d'entre elles, comme les idées anarchistes, s'opère plutôt au moyen de conversations individuelles ou de conciliabules. Tous les révolutionnaires russes se sont formés à cette école.

Il en est ainsi, d'ailleurs, de toutes les idées, dont on ne peut retrouver l'origine et qui constituent ce que l'on est convenu d'appeler des lieux communs et des préjugés.

Car l'ambiance sociale ne contribue pas seulement à notre éducation intellectuelle. Notre éducation morale surtout subit son empire.

Toute la morale a une origine sociale ; elle dérive

des rapports des hommes entre eux et sa destination est de régler ces rapports qu'elle n'institue pas.

A beaucoup d'égards, notre éducation morale se fait donc spontanément, aussi bien sous la forme positive que sous la forme négative.

Le milieu social discipline notre personnalité et stimule notre sociabilité ; il conditionne notre être moral.

L'influence du public sur l'individu est d'autant plus forte que l'intensité des émotions augmente avec le nombre de ceux qui les partagent.

La vie sociale est une vie collective de plus en plus compliquée ; elle nous met constamment en contact ou en relations avec les diverses catégories de nos contemporains et ceux-ci, par leur langage, par leurs actions, par leur masse, exercent sur nous une influence continue, dont nous n'apprécions pas toujours l'importance.

Dans tous les cas, ils représentent l'opinion publique, c'est-à-dire un état des idées et des mœurs auquel nous sommes tenus de nous conformer et qui donne une stabilité relative à notre esprit et à nos sentiments.

Il en est de même de la majesté mystique des institutions et des lois qui consacrent les idées et les mœurs régnantes et de la certitude qu'une force publique existe pour en imposer le respect, s'il est nécessaire.

Cette opinion publique exerce, en outre, sur nous, une sorte de pouvoir inhibitif, parce que nous redoutons son blâme et son mépris ; par suite, nous nous abstenons des actes qu'elle condamne.

Inversement, son approbation, dont nous sommes extrêmement envieux, est un stimulant énergique aux actions qui peuvent la satisfaire ou l'émerveiller.

Les Romains disaient des Gaulois qu'ils se battaient bien pourvu qu'on les regardât mourir.

De toute manière, nos idées et nos mœurs dépendent du temps et de la société dans lesquels nous vivons. Voltaire le proclamait en excellents termes, par la bouche de Zaïre, lorsqu'il lui faisait dire :

> J'eusse été, près du Gange, esclave des faux dieux,
> Chrétienne dans Paris, musulmane en ces lieux.

Finalement, c'est par la famille, par les entretiens et les rapports personnels, par l'exemple et l'imitation, par l'observation, l'expérience et la méditation, par la réaction du milieu social sur l'individu, que s'est faite, pendant très longtemps, et que s'effectue encore exclusivement chez un très grand nombre d'individus, l'éducation intellectuelle et morale ; mais tous ces éléments modificateurs sont synthétisés par l'opinion publique.

L'opinion publique c'est le sens commun, c'est l'ensemble des sentiments, des croyances, des idées, des habitudes et des préjugés, qui, à toute époque, établissent une harmonie relative entre la masse des êtres dont une société se compose.

Toutefois, elle n'est elle-même qu'une sorte de réservoir général.

Quelles sont les sources qui alimentent ce réservoir ?

Comment cette opinion s'est-elle originellement formée ? Quels sont, en dehors de toute institution publique, les éléments qui contribuent encore et contribueront toujours, le plus efficacement, à sa constitution ? Quels sont, en somme, les producteurs spontanés des idées et des sentiments collectifs qui se répandent dans les multitudes et les animent, et dont les agents précédemment énumérés sont plutôt les colporteurs que les générateurs ?

2. — *Action spirituelle spéciale des natures supérieures.*

Les hommes ont une valeur intellectuelle, pratique et morale, très inégale. Ils sont plus ou moins aptes, soit à observer, comprendre et interpréter le monde cosmologique, le monde biologique, le monde social, encore plus complexe et plus varié, dans lesquels nous sommes plongés, soit à triompher des obstacles qu'ils nous opposent.

Parmi leur multitude, généralement passive, quelques-uns seulement se distinguent par leur activité mentale et donnent aux conceptions résultant des faits, dont tous sont les témoins, une formule explicite.

D'autres, doués d'une habileté particulière, excellent à résoudre des difficultés pratiques devant lesquelles le commun de leurs semblables reste désarmé.

D'autres, enfin, s'imposent à l'admiration de leurs semblables par leur courage, leur bonté, leur empire sur eux-mêmes ou par leur dévouement à leur idéal, à leur fonction et à l'intérêt collectif.

Ces types supérieurs agissent déjà sur leurs milieux respectifs, par le moyen de leurs idées et de leur exemple. Ce sont des sortes de guides lumineux et de produits artistiques qui peuvent servir de modèle à ceux qui les écoutent avec sympathie ou les contemplent avec vénération ; mais quand, par surcroît, ils se montrent doués pour l'action publique, ils peuvent ébranler les anciennes croyances, pousser les masses dans de nouvelles directions, exercer un pouvoir spirituel très énergique et très étendu. Ainsi s'explique le rôle capital joué par les prophètes Juifs, les brahmanes de l'Inde, les religieux bouddhistes, les martyrs et les moines catholiques, les apôtres de toutes les idées nouvelles.

Dans l'ordre pratique même, l'ascendant que les chefs militaires acquièrent sur leurs troupes est bien plutôt inhérent à leurs qualités morales qu'à l'autorité hiérarchique dont ils sont investis.

L'une des infériorités de notre époque, en Occident, est de ne plus offrir qu'exceptionnellement, au regard des foules, ces grands types de perfection intellectuelle, morale et civique, en raison de l'absence d'une doctrine coordinatrice donnant une destination précise à tous les modes de l'existence, individuelle et collective, et permettant de comparer cette existence à l'idéal public.

Nous manquons ordinairement de saints.

Les saints sont des hommes ou des femmes qui conforment, d'une manière admirable, leur conduite aux idées et aux mœurs régnantes, et qui réalisent le maximum de dévotion ou de perfection auquel on peut atteindre dans leur temps et leur milieu.

Il y a toujours eu, il y aura toujours des saints.

L'esprit positif en a lui-même déjà suscité. Sans parler des stoïciens de l'antiquité, il est impossible, par exemple, de trouver des vies plus exemplaires que celles de Galilée, Descartes, Képler, Newton, Turgot, Condorcet et Auguste Comte, dont la nature peut supporter le parallèle avec les représentants les plus parfaits des religions théologiques.

Tous les éminents serviteurs de l'Humanité, dont les noms ont été rassemblés par Auguste Comte, dans son calendrier des grands hommes, méritent, d'ailleurs, à des titres divers, d'être considérés comme des saints par la postérité reconnaissante.

Car la sainteté consiste principalement à se dévouer, d'une manière exemplaire, au bien public.

C'est pourquoi la race des saints ne peut s'éteindre.

Dans les heures décisives, la sainteté florit toujours.

Actuellement, elle consiste dans l'accomplissement scrupuleux du devoir de défendre avec opiniâtreté la civilisation générale menacée et dans l'ardeur de la foi qu'elle doit inspirer.

Or des multitudes d'hommes offrent ce sublime spectacle.

3. — Action spirituelle spéciale des moralistes, des philosophes et des créateurs de synthèses.

Parmi les natures supérieures auxquelles le pouvoir spirituel doit un éclat particulier, les moralistes et les philosophes se distinguent comme ses constructeurs systématiques ; ils coordonnent ses matériaux épars et s'érigent en véritables législateurs de l'esprit et du cœur, des opinions et des mœurs.

Les moralistes se préoccupent plus spécialement de l'étude des rapports des hommes entre eux et de la détermination des préceptes et des maximes de sagesse et de bon sens qui doivent présider à ces rapports ; ils s'efforcent de discipliner et de perfectionner la nature humaine.

Les philosophes excellent à embrasser l'ensemble des conditions de notre existence et à dégager, d'un petit nombre de postulats, des systèmes d'idées générales propres à dévoiler la nature du monde, de la vie, de l'homme et de la société.

Mais, au-dessus de tous ceux qui marquent ainsi, d'une empreinte plus ou moins profonde, la pensée et la moralité de notre espèce, planent très haut les fondateurs de religions, créateurs de synthèses, révélateurs d'idéal, moralistes, philosophes et politiques, qui combinent la philosophie et la pratique, la morale théorique et l'art moral, agissent simultanément sur le cœur, l'intelligence et le caractère, coordonnent, à un moment donné, toutes les aspirations et parviennent à donner à la vie des masses une destination commune qui, suivant les circonstances, les enthousiasme, les stimule ou les console.

L'influence prodigieuse de ces hommes exceptionnels est symbolisée par les livres sacrés qu'on leur attribue et sur lesquels les générations qui se succèdent se penchent toujours avec la même piété.

Jusqu'alors, il est vrai, la théologie inspira ces livres ; ils expriment un état d'âme en voie d'extinction ; mais ils n'en ont pas moins considérablement influé sur l'évolution et resteront comme des monuments impérissables de l'histoire de la pensée humaine ; ils constituent des objets d'étude incomparables pour la philosophie positive elle-même, qui, avec les œuvres immortelles de Socrate, de Platon, d'Aristote, de Bacon, de Descartes et d'Auguste Comte, a déjà prouvé son aptitude à rivaliser avec la théologie et à régner aussi sur des siècles de siècles.

4. — *Action spirituelle spéciale des savants.*

Dans le milieu social, le pouvoir spirituel a aussi, pour organes individuels, systématiques, les savants dont la fonction consiste à observer patiemment les phénomènes, sans idées préconçues, pour dégager, de leur complexité et de leur incessante variabilité, ce qui reste constant, et déterminer les lois naturelles qui les régissent, ces lois n'étant jamais, selon la lumineuse remarque d'Auguste Comte, que l'expression générale et précise d'un fait particulier rigoureusement observé.

Les savants sont les derniers venus dans la légion des procréateurs d'idées et des régénérateurs des mœurs ;

mais les matériaux de construction que l'édifice spirituel leur doit sont les plus imposants, les plus solides, les plus durables de tous.

Toute science provient d'un art correspondant.

Pendant longtemps, l'Humanité ne fit sur le monde, la vie, la société que des observations empiriques, imposées par la vie pratique. Les anciennes castes sacerdotales collectionnèrent soigneusement ces premiers rudiments scientifiques et méditèrent sur eux ; mais elles n'en possédaient pas d'autres et ne leur durent qu'une érudition spéciale qui limitait étroitement leur faculté de prévoir et d'agir.

En réalité, la science ne naquit que le jour où les hommes commencèrent à découvrir des relations constantes entre les nombres, les lignes, les surfaces et les volumes, c'est-à-dire essentiellement aux temps de Thalès, de Pythagore, d'Archimède et d'Hipparque.

Cultivée par l'Hellénisme, sauvée de la ruine de l'empire romain par les Arabes, transmise par eux à l'Occident, la science prit, au xviiᵉ siècle, un essor irrésistible avec les travaux de Galilée, de Képler et de Newton, et, finalement, elle est devenue la souveraine du monde.

En principe, le rôle spirituel des savants est purement intellectuel et leur empire s'impose surtout à la masse humaine par l'admiration que produisent les applications pratiques de leurs découvertes. L'esprit public n'est même pas le but direct de leurs travaux. Néanmoins, leur puissance sur les hommes n'est pas moins grande que celle qu'ils exercent sur les choses ; ils les disciplinent avec la même autorité qu'ils domestiquent les forces naturelles et ils réagissent à ce point sur le sentiment qu'ils ont transformé la croyance et la la moralité.

Les savants jouissent aujourd'hui d'un crédit illimité. Ils ont conquis la confiance dont jouissaient autrefois les prêtres. On les croit sur parole.

Le fait est bien manifeste, dans le cas des médecins et des chirurgiens, qui sont, cependant, des praticiens empiriques autant que des savants, et dont les conseils peuvent avoir pour nous, pour notre santé, pour notre vie, les plus graves conséquences.

Nous nous conformons à leurs conseils comme à des ordres absolus, aussi scrupuleusement que les anciens se conformaient aux prescriptions des oracles.

La science gouverne maintenant l'Humanité ; elle l'a convaincue que les phénomènes sont soumis à des lois naturelles et non à des volontés arbitraires ; elle l'a persuadée qu'elle devait conformer sa conduite à ces lois, et, grâce à la nature démontrable de ses affirmations, continuellement et universellement contrôlées, grâce à l'efficacité de ses méthodes et aux grandioses résultats qu'elles produisent, grâce à la supériorité des moyens dont elle a pourvu la pratique, elle a marqué d'une telle empreinte les sociétés dans lesquelles elle florit qu'elles diffèrent complètement de celles où la théologie dominait ou domine encore.

D'ailleurs, les modifications les plus profondes de la mentalité humaine ont toujours été l'œuvre de la science, même vagissante, comme en témoignent les révolutions opérées par l'astronomie qui a ruiné le Fétichisme primitif avec l'astrolâtrie, le Polythéisme avec les conceptions d'Hipparque et de Ptolémée, le Monothéisme avec Copernic et Galilée, et qui, finalement, a substitué une conception positive des mondes célestes, à toutes les cosmogonies théologiques.

Ce despotisme spirituel de l'astronomie effrayait Joseph de Maistre. « J'ai entendu dire, écrivait-il, qu'il existe quelque part un homme osant prétendre que le système de Copernic présente encore quelques difficultés. Je ne connais pas cet homme ; je ne sais même pas quelle contrée il habite ; mais, quel qu'il soit, c'est un héros ! »

En effet, il n'y a pas de liberté de conscience dans la science et le pouvoir spirituel des savants n'est pas un pouvoir éphémère et fragile ; une fois établi, il est indestructible.

Rien n'est même plus propre à développer le sentiment de la continuité que l'histoire des sciences. Chacune d'elles constitue un enchaînement de découvertes tellement solidaires que toute découverte nouvelle implique la connaissance de l'ensemble de celles qui l'ont précédée. Le patrimoine scientifique est une accumulation graduelle de connaissances liées entre elles et successivement acquises.

Quant à la toute-puissance individuelle des savants, elle est mise, d'une manière éblouissante, en lumière par les créateurs des grandes théories scientifiques, les Newton, les Lavoisier, les Bichat, les Lamarck, les Pasteur, qui surgissent comme des révélateurs de nouveaux mondes d'idées et imposent, aux savants eux-mêmes, une nouvelle orientation d'esprit.

5 — Action spirituelle spéciale des artistes.

Le pouvoir spirituel a naturellement pour moyens d'expression toutes les formes du langage mimique, oral, écrit, et tous les moyens artificiels inventés pour idéaliser les sentiments et les idées : la poésie, la musique, la peinture, la sculpture et l'architecture.

Il est donc utilement, et parfois très activement, secondé par les artistes qui sont pour lui de précieux auxiliaires.

Les contes, les légendes, les poëmes populaires, encore si pleins de charmes pour les enfants, servent de prélude à la vie intellectuelle et morale des peuples comme à celle des individus.

Les aèdes, les bardes, les chantres sacrés et nationaux, symbolisés par la personne, probablement légendaire, d'Orphée et de Musée, furent, pendant de longs siècles, les seuls éducateurs publics.

Lors du plein épanouissement de la civilisation grecque, la culture débutait toujours par la récitation et l'explication de morceaux de poëmes choisis, surtout de l'*Iliade* et de l'*Odyssée*.

Le pouvoir spirituel de la littérature est, en effet, clairement révélé par le rôle social et l'immortalité des épopées, dont l'influence est comparable à celle des livres sacrés.

Malgré la différence des temps, toute l'Humanité cultivée continue même à subir le charme du *Ramâyana*, du *Mahabahrata*, des œuvres d'Homère et d'Hésiode, de *l'Enéide* de Virgile, des *Chansons de geste* du moyen âge, de *la Divine Comédie* de Dante, de *la Jérusalem délivrée* du Tasse, du *Don Quichotte* de Cervantes, des *Lusiades* de Camoëns.

Mais les profonds analystes du cœur humain qui ont pris la forme du drame, de la comédie ou de l'allégorie, pour moraliser, et qui, par la seule puissance de leur génie, ont enfanté des êtres fictifs capables de provoquer, d'âge en âge, des émotions plus vives que les êtres réels, Eschyle, Sophocle, Aristophane, Esope, Plaute, Térence, Molière, Shakespeare, Corneille, Racine, La Fontaine, Voltaire, ont un rayonnement plus intense et plus universel.

La vogue des œuvres littéraires contemporaines, quoique moins justifiée, continue d'ailleurs d'attester, avec l'éternel besoin de vie idéale que ressent notre

espèce, la responsabilité considérable des écrivains
dans la formation de ses opinions et de ses goûts.

Les livres pullulent aujourd'hui. Nous assistons à
une véritable débauche de publications ; mais nous
apprécions mal l'énergie de l'action spirituelle qu'elles
peuvent exercer.

Atteint du prurit de la lecture, le vulgaire des
contemporains se contente de lectures hâtives, frivoles,
incohérentes, qui ne laissent aucune empreinte et
aucune semence dans son esprit ; car, parfois, très
heureusement, leur souvenir s'évanouit bientôt comme
celui d'un rêve.

Il n'en était pas de même quand les livres étaient
rares, coûteux, très difficiles à se procurer. Alors, on
ne copiait et on ne lisait que des œuvres fertiles ; on
les relisait ; on les méditait ; on prenait réellement
leurs auteurs pour confidents, pour conseillers, pour
guides, et on coordonnait ses lectures, en vue d'une
édification intellectuelle et morale déterminée.

Les livres modernes n'ont plus ce mérite ; néanmoins, leur influence spirituelle ne saurait être
méconnue.

A un degré moindre, mais encore très accentué, le
chant et la musique exercent sur l'âme humaine une
action durable et profonde

Ils peuvent traduire la joie et la douleur, la rêverie
et la passion, exciter ou calmer l'une et l'autre et déterminer, dans l'individu et dans les foules, des dispositions mystiques ou belliqueuses telles qu'ils n'ont
jamais cessé d'être associés aux cérémonies religieuses
ou civiles aussi bien qu'aux opérations militaires.

Quant aux arts plastiques, peinture et sculpture, ils
ont toujours puissamment contribué à l'éducation philosophique et morale.

La statuaire Egyptienne et la statuaire Grecque, les scènes sculptées sur les frises des temples et sur les sarcophages popularisaient certainement la mythologie de ces anciens peuples mieux qu'aucun autre système d'éducation n'aurait pu le faire.

En raison de leur nature concrète, intelligible pour tous, les illustrations lapidaires du porche des églises, les tableaux religieux, les images saintes, les vitraux illustrés et les simples chemins de croix qui les ornent, ont aussi vulgarisé, mieux que tous les commentaires et toutes les lectures, les principaux épisodes de la vie du Christ et des Saints et les dogmes du Catholicisme.

L'architecture elle même, que Viollet-le-Duc définirait « l'histoire écrite en lettres majuscules », concourt au même but. Les temples, les cathédrales en particulier, sont de véritables poèmes de pierre et comme des hymnes ou des supplications adressées aux divinités auxquelles ils sont dédiés.

Pour nous-mêmes, toutes les productions anciennes des arts plastiques et de l'architecture constituent des sources d'instruction et d'émotion d'une inappréciable valeur ; elles font revivre le passé sous nos yeux ; elles nous permettent d'évoquer nos prédécesseurs et d'entrer en communication directe avec eux.

Les peintures à fresques des tombeaux Egyptiens ou Etrusques, les grands reliefs d'Ecbatane, par exemple, sont beaucoup plus suggestifs que les pages les plus détaillées des archéologues. De même la peinture, la statuaire, l'architecture de la Grèce, de Rome, du moyen âge et de la Renaissance.

Enfin certaines œuvres d'art réalisent un tel idéal de perfection et de beauté qu'elles servent perpétuellement de modèles.

Par la seule supériorité de leur génie esthétique, les

Grecs ont imposé à la sculpture et à l'architecture une
formule inaltérable.

Néanmoins quelle que soit l'admiration que la
contemplation des œuvres d'art du passé suscite en
nous, cette admiration est bien froide comparativement
à celle qu'elle provoquait chez leurs contemporains.
Pour apprécier sainement la valeur éducative des arts
plastiques et de l'architecture, il faut se reporter dans
le temps où florissaient les religions qui les ont presque
tous inspirés.

Alors, les dévots voyaient en eux l'image réelle et
sublime des êtres fictifs dont leur pensée était continuellement remplie. Pour eux, les peintures et les
statues étaient des idoles et les temples la demeure des
Dieux, tandis que nous sommes seulement séduits par
leur majesté, leur technique ou par leur coloris et
l'illusion de vie qu'ils nous procurent.

Les productions de l'ancien art religieux sont relati-
vement muettes pour nous ; elles n'ont qu'une valeur
philosophique rétrospective ; elles intéressent notre
curiosité plus qu'elles ne nous instruisent et nous
moralisent.

Il en est de même, malheureusement, de la plus
grande partie des œuvres de l'art contemporain. Reflet
de l'opinion ambiante, ces œuvres ne traduisent plus
guère que des caprices et des fantaisies individuels.
Faute de doctrine commune à interpréter et de sentiments collectifs accentués à idéaliser, l'art est anarchique et stérile. Malgré tout le talent qu'il déploie et
les œuvres qu'il prodigue, il n'a plus de destination
sociale ; son efficacité morale est très diminuée. Le
pouvoir spirituel magique qu'il exerça dans toutes les
grandes périodes historiques antérieures est momentanément déchu, parce qu'il a cessé d'être un moyen
d'éducation publique pour devenir une entreprise

commerciale, un objet de distraction frivole ou une
source de satisfactions sensuelles pour les désœuvrés
et les raffinés.

Cependant les images conservent un prestige sugges-
tif considérable. On ne saurait trop veiller au moins
à ce que, seules, des images saines soient offertes aux
regards du public, ni trop proscrire celles qui peuvent
le corrompre.

Car la vue est un sens synthétique et la suggestion
par l'image, surtout par l'image cinématographiée,
devenue si rapidement populaire, est souvent plus
efficiente que la suggestion par la parole.

6. — *Action spirituelle spéciale des pédagogues,
ecclésiastiques et laïcs, et des orateurs populaires.*

Les artistes ne sont pas les seuls auxiliaires qualifiés
du pouvoir spirituel dans le milieu social.

Les prédicateurs, les pédagogues, les professeurs, les
instituteurs, les journalistes, les marchands de savoir
et de nouvelles, tous ceux qui interprètent les doctrines
acquises, propagent celles qui naissent, vulgarisent les
découvertes et diffusent les connaissances, sont aussi
ses aides.

C'est par les prophètes, les apôtres, les orateurs
populaires, les sophistes et les démagogues, dont le
rôle est si néfaste, que l'opinion publique est le plus
souvent ébranlée.

Ces innombrables colporteurs d'idées disposent de
sanctions, telles que la menace, les pénitences, les
punitions, l'appât des diplômes et la pression du
nombre. Par conséquent, le pouvoir spirituel n'est
plus, entre leurs mains, aussi pur que dans les cas
précédents ; ils n'en sont pas moins des collaborateurs

très actifs de ce pouvoir et lui permettent de s'exercer simultanément sur une grande étendue et de nombreuses collectivités.

D'aucuns se montrent tellement jaloux du pouvoir spirituel qu'ils représentent qu'ils ne supportent pas de rivalité.

L'Université même est du nombre. Les plus opiniâtres adversaires de la reconstitution positive du pouvoir spirituel se trouvent peut-être dans ses rangs et quelques hommes politiques, organes de ses aspirations, n'hésitent pas à réclamer pour elle le monopole de l'enseignement, sans se faire scrupule d'organiser de la sorte une pédantocratie qui pourrait devenir aussi funeste que la théocratie qu'ils maudissent, comme l'exemple des Universités aristotéliciennes du moyen âge l'a démontré.

§ 5. — Pouvoir spirituel des morts.

Enfin, dans le milieu social, le pouvoir spirituel des vivants, quels qu'ils soient, est infiniment dépassé, en nombre, en intensité, en durée, en étendue, par celui des morts dont ils ne sont, en réalité, que les héritiers et les exécuteurs testamentaires.

Tout notre patrimoine intellectuel et moral, autant que notre patrimoine matériel, est l'œuvre des prédécesseurs bien plus que celle des contemporains. Ces derniers n'ajoutent que de faibles valeurs à ce vaste trésor, fruit du travail accumulé de l'immense série des générations antécédentes. Souvent, hélas ! l'histoire doit même se borner à les bénir parce qu'ils n'ont ni réduit, ni compromis le patrimoine qu'ils ont reçu.

En raison de la durée et du développement de la civilisation, le pouvoir spirituel des morts ne cesse de se fortifier et de s'accroître. Auguste Comte a légitimement dit que « les vivants sont toujours et de plus en plus nécessairement gouvernés par les morts ».

Le pouvoir des morts conditionne, à tout moment, celui de l'Humanité, c'est-à-dire de l'ensemble continu des êtres qui concourent au développement de la civilisation générale et dont la pleine autorité ne s'exerce ordinairement que quand ils ont disparu.

Toutefois, au-dessus de la masse immense des morts, véritable providence de notre espèce, quelques êtres, d'une vigueur exceptionnelle, émergent majestueusement et permettent de mieux apprécier la nature du pouvoir spirituel des morts : ce sont les grands hommes, particulièrement les créateurs de synthèses, précédemment signalés, symboles des aspirations et des services de leur temps.

Ceux-là surtout nous parlent sans cesse. Leurs livres sont perpétuellement réédités, multipliés, lus avec piété, médités avec fruit, et la continuité de leur influence intellectuelle et morale ne peut être contestée.

On ne saurait même la disputer, sans ignorance, à tous les vestiges matériels du passé, aux ruines de ses monuments, aux débris de ses œuvres, à toutes les reliques conservées et accumulées dans nos demeures, dans les bibliothèques publiques et dans les musées archéologiques.

Toutes ces reliques des morts ont leur part de pouvoir spirituel ; elles ont leur éloquence muette, plus spécialement condensée dans quelques lieux de la terre, qui jouissent d'un prestige éternel comme l'Egypte, la Grèce, Rome, Paris, comme les grands berceaux religieux de l'Humanité, Bénarès, Jérusalem, la Mecque, et toutes les contrées historiques, théâtres des grands événements qui ont influé sur l'évolution de quelques peuples ou de l'espèce tout entière.

III

Histoire sommaire de l'organisation du pouvoir spirituel

1. — Tableau général de l'évolution du pouvoir spirituel organisé.

L'analyse faite dans le chapitre qui précède démontre que le pouvoir spirituel dispose de forces élémentaires nombreuses et puissantes; mais pour que ces forces produisent un résultat fécond, il faut qu'elles soient réunies en système, rendues convergentes et mises en action d'une manière uniforme.

C'est ce que s'efforce de réaliser le pouvoir spirituel artificiel, institution sociale, sorte de gouvernement des âmes qui, de tout temps aussi, s'est manifesté.

Dans les sociétés organisées, le pouvoir spirituel ne reste pas vague et disséminé; il est synthétisé dans une classe spéciale, caste ou clergé, vouée à la culture, à la conservation et à la défense des idées générales, intellectuelles et morales, assimilable au gouvernement dont la fonction est de veiller sur les intérêts matériels de la collectivité.

La soumission aux lois naturelles étant la base de tout perfectionnement et le progrès n'étant jamais que le développement de l'ordre, un pouvoir spirituel organisé doit, théoriquement, coordonner et concentrer tous les éléments qui créent l'opinion et agissent spontanément sur elle.

Toutes les tentatives historiques de systématisation du pouvoir spirituel ont, du moins, tendu vers ce but, d'une manière plus ou moins complète, plus ou moins consciente.

Au cours de ces tentatives, l'organisation du pouvoir spirituel a présenté plusieurs états successifs, caractérisés :

1° Par la systématisation de l'action spirituelle de la famille et des morts et par la confusion du pouvoir spirituel et du pouvoir temporel (sociétés primitives) ;

2° Par la systématisation de l'action spirituelle des êtres et des phénomènes cosmiques et par la subordination du pouvoir temporel au pouvoir spirituel (ancienne Egypte et Chaldée) ;

3° Par la systématisation de l'action spirituelle des grandes forces de la nature, des grandes forces sociales et morales divinisées et par la subordination du pouvoir spirituel au pouvoir temporel (civilisations grecque et romaine) ;

4° Par la systématisation de l'action spirituelle d'un idéal humain fictif et par l'indépendance de chacun des deux pouvoirs (Moyen-Age) ;

5° Par l'état actuel où un idéal humain positif commence à se dégager des ruines du passé et du chaos des opinions régnantes.

Le pouvoir spirituel, correspondant à ce nouvel idéal, est, jusqu'ici, dépourvu de coordination et de concentration ; mais ses éléments constitutifs sont plus indépendants et plus actifs que ceux des pouvoirs spirituels antérieurs.

Véritablement une opinion publique, de plus en plus émancipée, dirige aujourd'hui les sociétés humaines.

2. — Le culte des ancêtres. — Confusion des pouvoirs spirituel et temporel.

La prépondérance des morts dans la formation du patrimoine humain est tellement évidente, la place qu'ils tiennent, dans notre existence intellectuelle, morale et pratique, est tellement vaste, leur vie subjective est à ce point intense que le pouvoir spirituel qu'ils exercent a d'abord prévalu sur celui des vivants.

La systématisation de leur influence est la première forme synthétique que le pouvoir spirituel ait revêtue. Dès que la mentalité humaine s'est éclairée, les hommes ont très sagement considéré les morts comme une providence ; ils ont voué un culte, non seulement aux mânes de ceux qu'ils avaient connus, craints ou aimés, comme le faisaient les primitifs, mais à l'ensemble de leurs ascendants.

La première organisation méthodique du pouvoir spirituel fut le culte des ancêtres que tous les peuples ont originellement pratiqué.

Alors les pouvoirs temporel et spirituel sont confondus dans les mains et dans la personne du père de famille qui est, à la fois, chef politique et chef religieux.

Le culte des ancêtres est encore dans toute sa splendeur en Chine, grâce aux enseignements de Confucius et à l'institution du livre généalogique de famille.

« Ce livre, où sont inscrits, avec les noms, les qualités et les hauts faits des aïeux, doit être tenu avec un soin religieux. On en lit les passages pendant les céré-

monies cultuelles, on cite des traits de vertu qui
y sont consignés, on s'exhorte à imiter les sages
personnages qui honorent leurs descendants par leur
mérite. » (1).

Au culte des ancêtres furent naturellement associés
le respect des vieillards et le développement de la
piété filiale qui, pendant longtemps, sans le secours
d'aucune institution artificielle, maintinrent l'harmonie dans la famille et dans la société.

La piété filiale est encore la base de la moralité
chinoise.

« C'est le lien moral d'obéissance et de respect qui
unit les enfants aux parents, ceux-ci aux ancêtres et
aussi aux magistrats, frères aînés du peuple, et au
prince ou souverain, père-mère des Cent familles, et au
ciel, premier principe des choses ; elle embrasse tout. »

« Le manque de piété filiale est aussi grave que
l'assassinat ; il fait partie des dix crimes énormes que
le législateur chinois place en tête du code pénal. » (2).

Du premier mode de pouvoir spirituel dérivent en
outre : l'égoïsme familial et les rivalités de famille ; le
culte des héros et des grands hommes ; le culte des
traditions et du passé ; l'esprit exclusif de conservation ;
la tendance à l'immobilisme ; la résistance aux innovations ; l'oppression du spirituel par le temporel,
parce que, selon la juste observation d'Auguste Comte,
« on se résigne difficilement à persuader lorsqu'on peut
se faire obéir ».

De plus, le culte des ancêtres se rattachait trop
exclusivement à l'homme ; il ne suscitait pas suffisam-
ment l'activité de l'esprit humain à l'égard des phénomènes du monde et de la vie.

(1) FARJENEL, Le Peuple Chinois, p. 40.
(2) FARJENEL, Ibidem, p. 88 et 331 (7ᵉ crime).

Enfin il était dépourvu d'enseignement public ; il n'exigeait ni même ne comportait de caste sacerdotale, puisque le père de famille suffisait à tous les besoins dogmatiques et rituels de ce système.

Pour toutes ces raisons, sa persistance universelle aurait fait indéfiniment obstacle à tout progrès, comme le démontre la stabilité millénaire de la Chine. Les sociétés Occidentales ont évolué parce qu'elles ont franchi cet obstacle.

3. — Le pouvoir spirituel sous la théocratie, — Subordination du pouvoir temporel au pouvoir spirituel.

Postérieurement aux morts, mais sans abolir leur éternelle puissance, les astres, principalement le soleil, servirent de base à la systématisation du pouvoir spirituel. Avec l'astrolâtrie, la pensée humaine reçut de nouveaux aliments ; elle fut soumise à un autre régime.

La préoccupation du monde devint aussi familière que celle de l'homme. D'autre part, le culte prit un caractère plus collectif que celui des ancêtres qui fut surtout un culte domestique. Une caste spéciale s'institua pour étudier les astres, organiser et pratiquer leur culte.

Le pouvoir spirituel revêtit une forme nouvelle.

Alors, vraiment, une classe d'hommes en possession d'un savoir supérieur aux connaissances spontanées de la masse, prit naissance.

L'institution de la caste sacerdotale est un progrès capital dans l'évolution de l'humanité : elle représente l'avènement d'esprits libérés du travail matériel et exclusivement voués à la méditation.

A partir de ce moment, le pouvoir temporel et le pouvoir spirituel se différencièrent complètement. Des organes, distincts du pouvoir temporel, eurent pour fonctions d'organiser, de cultiver, de développer le pouvoir spirituel.

Ces organes acquirent, d'abord, une prépondérance telle qu'ils subordonnèrent le pouvoir temporel.

Ils érigèrent, il est vrai, les rois au rang d'êtres divins, fils du Soleil, et leur consacrèrent, à ce titre, un culte pieux ; mais, en raison même de cette divinisation et de ce culte, ils les astreignirent à une telle étiquette, ils les enlacèrent dans de telles règles qu'ils ne jouissaient d'aucune liberté (1).

Il n'apparaît pas qu'il y ait jamais eu, sauf pour les rois, de système d'enseignement régulier dans les sanctuaires sacerdotaux de Babylone et d'Egypte. La transmission des connaissances s'y opérait dans l'intérieur de la caste sacerdotale, de père en fils, par l'exemple, par les communications orales et écrites, par l'éducation familiale, par les prières et les hymnes. La diffusion extérieure s'effectuait, plus ou moins, par l'intermédiaire du nombreux personnel, de scribes, d'artistes, d'artisans, de serviteurs, qui vivait autour des temples et constituait une véritable société religieuse, au milieu de la société générale.

Mais la masse séculière était abandonnée à son ignorance et à ses superstitions primitives.

Néanmoins, nous ne saurions ressentir et témoigner assez de gratitude envers les membres de ces castes sacerdotales qui furent les premiers penseurs, les premiers théoriciens, les premiers intellectuels, les immortels instituteurs de tous les fondements de la pensée humaine et de la civilisation. Ils ont créé : l'écriture, le calcul, la géométrie, l'astronomie, les

(1) DIVORCE DE SICILE : *Bibliothèque historique : Education et vie des rois d'Egypte :* Liv. I ; chap. LXX et suivants.

beaux-arts, auxquels ils donnèrent une haute destination religieuse. On leur doit les premières règles politiques et morales et l'initiative de la subordination systématique de la politique à la morale.

« L'Egypte fut la source de toute bonne police », disait avec raison Bossuet.

De plus, les sacerdoces Egyptiens ont donné l'impulsion au mouvement philosophique.

Les grands sanctuaires d'Héliopolis, de Thèbes, de Memphis, ont joué un rôle capital dans l'évolution de la pensée théologique occidentale et, par suite, dans celle de l'esprit humain.

Mais le régime des castes pêchait, comme le culte des ancêtres, par excès de stabilité ; il entravait les progrès du pouvoir spirituel lui-même, trop préoccupé, dans ce cas, du maintien de son ascendant et de ses privilèges pour laisser les idées nouvelles prendre librement leur essor.

D'ailleurs, sa relégation dans des sanctuaires clos, qui ne s'ouvraient que pour des pompes religieuses, l'isolait du reste des hommes et le confinait dans un cercle trop étroit.

Les guerriers ont heureusement brisé ce cercle ; en mettant des sociétés diverses en contact, ils modifièrent profondément les idées et les mœurs théocratiques.

Avec eux, le gouvernement des sociétés passa réellement aux mains des chefs temporels qui ne virent plus, dans le pouvoir spirituel, qu'un moyen auxiliaire de maintenir l'ordre et le subordonnèrent, comme il advint en Grèce et à Rome.

Le plus grand progrès que le pouvoir spirituel ait réalisé sous la théocratie, est représenté par le judaïsme.

Dans cette société gouvernée par la religion, le prêtre ne se bornait plus à officier d'une manière

4

mystique; il ne gardait pas jalousement le secret des traditions philosophiques, morales et historiques, dont il était le dépositaire passager; sa fonction lui commandait, au contraire, de les rappeler au public, chaque jour de Sabbat, en lisant, à haute voix, une fraction du livre de La Loi, qu'il vivifiait ensuite par des commentaires, inspirés par ses propres méditations.

Un véritable enseignement religieux populaire fut ainsi créé et cette inestimable institution ne fut pas étrangère à la diffusion du christianisme naissant qui trouva ses premiers centres de culture dans les synagogues fondées par toutes les colonies juives disséminées dans l'empire romain.

4. — Le pouvoir spirituel sous le polythéisme. — Subordination du pouvoir spirituel au pouvoir temporel

Avec le polythéisme, caractérisé par la superposition de l'observation abstraite des phénomènes à l'observation concrète des êtres, les grandes forces de la nature et les forces sociales et morales acquirent la prépondérance dans la mentalité humaine. L'organisation du pouvoir spirituel fut calquée sur cette croyance qui, par le fait de ses dieux multiples et de l'indépendance des prêtres consacrés au culte de chacun d'eux s'opposait à toute concentration et à toute unité.

Le polythéisme ne comportait ni dogme, ni livres sacrés, ni hiérarchie sacerdotale, ni clergé.

Les prêtres polythéistes étaient des sortes de maîtres de cérémonies, d'officiers de sanctuaires, chargés de veiller à ce que les sacrifices, les invocations, les offrandes et les libations s'accomplissent rigoureusement selon les rites prescrits par la liturgie. Ces prêtres ne se consacraient même pas exclusivement à leur fonction et ne l'exerçaient souvent qu'à titre temporaire.

Cicéron, dans son *Traité des lois*, distingue trois sortes de prêtres : « les uns qui président aux cérémonies et aux sacrifices ; les autres qui interprètent les paroles des devins et des prophètes que le Sénat et le peuple ont approuvés ; les autres enfin qui sont les organes de Jupiter très bon et très grand, les augures publics, et qui observent les signes célestes et les auspices ».

Ces derniers devaient préalablement faire connaître les auspices aux magistrats préposés aux affaires militaires ou civiles et ceux-ci étaient tenus de leur obéir...

« Tout acte, déclaré par un augure, irrégulier, néfaste, vicieux, funeste, était nul et non avenu. La désobéissance était un crime passible de la peine de mort. »

Mais, en réalité, le sacerdoce était une fonction politique ; « les institutions religieuses, dit le même auteur, facilitaient la pratique de l'art de gouverner », et le pouvoir temporel dominait le pouvoir spirituel.

Le titre de pontife donnait le droit d'administrer la religion, de régler le calendrier et les fêtes, d'influer sur les croyances et les actes publics ; il investissait son titulaire d'une autorité morale et politique, vraiment dictatoriale. C'est pourquoi cette autorité était fort recherchée par les hommes d'Etat et pourquoi des hommes émancipés, comme César, la briguaient ardemment.

Il en fut de même, à Rome, de la fonction de censeur des mœurs dont les attributions temporelles n'étaient pas moins importantes que les attributions spirituelles.

5. — Première indépendance du pouvoir spirituel. —
L'Hellénisme. — Syncrétisme de l'école d'Alexandrie.

L'absence de dogme et de sacerdoce systématiques qui caractérise le polythéisme, l'incertitude et le scepticisme engendrés par la multitude des Dieux qui obligeait les croyants indécis à consulter les oracles pour se renseigner exactement sur la divinité à laquelle ils devaient adresser leurs offrandes et demander la satisfaction de leurs vœux, favorisèrent le développement de l'influence des hommes clairvoyants et de bon sens et l'éclosion du pouvoir spirituel rationnel.

L'esprit positif s'empara de la direction de la philosophie, de la morale et de la politique en Grèce, et détermina un tel épanouissement de la raison que l'Hellénisme devint et resta le symbole de la sagesse et du plus parfait dressage de la pensée.

Sans titres et sans fonction publique, sans autre autorité que celle de leur génie, les philosophes et les savants grecs dominèrent leurs contemporains et, les premiers, montrèrent que la philosophie rationnelle peut, aussi sûrement et d'une manière plus durable que la théologie, constituer un pouvoir spirituel fort et respecté.

Les philosophes Grecs furent, en effet, beaucoup moins des professeurs que des sages s'entretenant d'une manière intime, avec leurs amis ou quelques jeunes gens distingués, des questions les plus essentielles de la science, de la philosophie et de la morale.

C'est ainsi du moins que les écoles de Thalès et de Socrate, le Lycée, l'Académie, le Portique, l'école d'Epicure prirent naissance.

Seule, celle de Pythagore fut plus systématiquement organisée.

Et, cependant, le pouvoir spirituel de la Grèce

acquit une telle puissance que cette nation est devenue l'éducatrice intellectuelle de l'Occident, c'est-à-dire du genre humain, comme la Palestine devait devenir, concurremment avec elle, son éducatrice morale et religieuse.

A la fin seulement, le rayonnement de la pensée grecque ne résulta plus uniquement de l'éclat des hommes supérieurs qui l'illustrèrent, quelque merveilleux et nombreux qu'ils aient été. Il fut alors entretenu par l'école d'Alexandrie qui, avec son Gymnase, sa Bibliothèque, son Musée, concentra le trésor et l'enseignement de toutes les connaissances de l'antiquité.

« Cette école présente vingt à trente générations de savants, dont les travaux, protégés par les Ptolémées et leurs successeurs, les Césars, ont, pendant plus de neuf siècles, illustré les sciences et les lettres. » (1).

La postérité lui doit les fondements de toutes les sciences, la conservation de tous les monuments littéraires de l'antiquité, la constitution du calendrier Julien, dont le calendrier Grégorien n'est qu'un perfectionnement, et une élaboration philosophique intense au cours de laquelle le dogme chrétien prit, sans doute, sa forme définitive.

L'avènement d'un pouvoir spirituel rationnel, dans l'antiquité, ne pouvait être, en effet, que le symptôme d'un progrès ultérieur. Ce pouvoir ne pouvait avoir alors qu'une action partielle et une existence éphémère, parce qu'il ne pouvait, en raison de l'insuffisance de ses connaissances scientifiques, rendre complètement positive la conception du monde, de la vie et de la société, et parce que l'esprit des masses avait encore trop de prédilection pour les méthodes et les habitudes fictives.

(1) *Ecole d'Alexandrie*, par MALTER, p. 1.

L'Hellénisme démolit le Polythéisme ; mais il ne put édifier une synthèse nouvelle. Lorsque le Polythéisme s'écroula, le nouveau pouvoir spirituel, dont les sociétés occidentales avaient impérieusement besoin au déclin de l'antiquité classique, fut organisé par le Catholicisme.

6. — *Le pouvoir spirituel au Moyen-Age.* — *Différenciation et indépendance complètes du pouvoir spirituel.*

Le pouvoir spirituel, institué par le Catholicisme, est le plus ingénieux, le plus homogène, le plus systématique, de tous ceux que la théologie a créés et que l'histoire a vu surgir jusqu'ici.

On l'a légitimement qualifié de chef-d'œuvre politique de la sagesse humaine.

Mais ce privilège ne résulte pas uniquement de la nature monothéique de la doctrine ; il est surtout imputable à la combinaison féconde, dans l'organisation du sacerdoce catholique, de la structure administrative de l'empire romain et du système d'enseignement populaire, inauguré par la théocratie juive.

Le pouvoir spirituel catholique se distingue de tous ceux qui l'ont précédé par le fait :

1° Qu'il divinisa l'homme et mit la morale au premier rang des moyens de gouverner les âmes ;

2° Qu'à l'exemple de l'Hellénisme, mais plus systématiquement, il constitua un pouvoir absolument indépendant du pouvoir temporel et s'exerça simultanément sur un grand nombre et une grande variété de nations.

A l'époque où l'ère chrétienne commence, la nature des choses imposait, à la fois, le monothéisme et un pouvoir spirituel international, séparé du pouvoir temporel. Car, en se décomposant, l'empire romain fit place à des nations qui, malgré leur diversité, étaient parvenues et se maintinrent à un même degré de civilisation et qui furent plus tard animées et ralliées par les mêmes croyances.

Au-dessus de la collectivité des nations qui représentaient alors l'Occident, un système d'opinions religieuses, communes à toutes, s'institua.

Rien de semblable ne s'était encore présenté parce que les religions antérieures étaient partout restées particulières et locales.

Ce système religieux international, dénommé chrétienté, se résuma dans la papauté.

Mais l'établissement de cette institution fut très tardif.

En raison de sa nature artificielle, du mysticisme et de la complexité de ses conceptions, le christianisme se propagea fort lentement.

Au temps de Charlemagne, les coutumes païennes étaient encore très répandues ; elles ne furent, d'ailleurs, jamais abolies et le sacerdoce catholique dut, à la fin, se résigner à les transformer en coutumes chrétiennes.

D'autre part, le christianisme n'eut, pendant longtemps, que de faibles moyens d'action ; il se propagea clandestinement et n'obtint de succès que parmi les esclaves dont il formulait les aspirations profondes et devait améliorer l'horrible condition sociale.

Pendant trois siècles, la nouvelle croyance n'opéra que des conversions individuelles ; elle n'acquit de prestige aux yeux des foules qu'au IVe siècle, lorsque Constantin autorisa la publicité de son culte et permit à ses églises de recevoir des donations.

Mais, dès lors, le nouveau pouvoir spirituel prit corps. Sa nature et sa vigueur sont nettement caractérisées par l'interdiction que fit Saint-Ambroise à l'em-

pereur Théodose, et que celui-ci respecta, de pénétrer
dans la cathédrale de Milan, pendant huit mois, en
expiation du massacre des habitants de Thessalonique.

Toutefois, le pouvoir spirituel catholique ne brilla
dans toute sa splendeur qu'au Moyen Age, du milieu
du xie siècle à la fin du xiiie, d'Hildebrand à Boni-
face VIII.

A cette époque seulement, l'unité de foi fut réalisée
en Occident, et l'on eût ce spectacle, sans précédent,
d'un homme gouvernant, seul, des millions d'âmes et
courbant les rois eux-mêmes sous le joug des lois
morales, par le seul ascendant de sa parole.

« On put alors contempler ce que Joseph de Maistre
appelle, avec une si profonde justesse, le miracle de la
monarchie Européenne. » (1).

L'importance sans égale des services que le pouvoir
spirituel peut rendre à l'Humanité est splendidement
attestée par les grands actes de cette monarchie : la
trêve de Dieu ; les Croisades ; le contrôle du pouvoir
temporel ; la subordination de la politique à la morale ;
la défense de la monogamie et de l'indissolubilité du
mariage ; la moralisation du clergé ; l'institution du
célibat des prêtres.

Les révolutions sociales les plus profondes, que
l'histoire ait enregistrées jusqu'ici, la transformation
de l'esclavage antique en servage, la libération des
classes travailleuses au Moyen-Age, auxquelles on ne
saurait assigner aucune date précise, se sont accom-
plies aussi sous le Catholicisme ; mais elles sont bien
plutôt l'œuvre d'une lente évolution des idées et des
mœurs, correspondant à ce régime, que celle d'institutions ecclésiastiques et laïques. Celles-ci se sont tardivement bornées à les consacrer.

_____

(1) AUGUSTE COMTE : *Considérations sur le pouvoir spirituel.*

En tout cas, les résultats, à jamais mémorables du Catholicisme, furent obtenus par la monarchie papale, grâce à une organisation savante, bien digne de l'admiration des philosophes.

En effet, parvenue à son apogée, cette monarchie fût pourvue d'agents et de moyens innombrables et puissants, qui lui permettaient d'être partout et toujours présente dans la vaste étendue de son cercle d'influence.

Elle était secondée par une armée sacerdotale, hiérarchisée, coordonnée, unifiée, selon le mode romain, et par l'intermédiaire de laquelle son autorité pouvait s'exercer depuis son siège central jusque dans les paroisses les plus humbles et les plus reculées.

Elle disposait d'ordres religieux mobiles, véritables missionnaires de la foi qui se transportaient, au besoin, comme des milices, au milieu des dissidents ou des incroyants.

En outre, de la naissance à la mort, elle imposait au chrétien, sous la forme des sacrements, des prières, du catéchisme, des sermons populaires et de la prédication dominicale, une éducation qui lui rappelait sans cesse sa doctrine et ses devoirs ; elle exaltait ses sentiments par des fêtes, multiples et pompeuses, dans lesquelles la majesté des temples, la féérie de leur décoration, le chant des chœurs, la gravité musicale des orgues, l'art de la mise en scène, les vêtements somptueux des officiants, les fumées de l'encens, contribuaient à rehausser l'éclat de la cérémonie et à séduire les sens autant que l'imagination.

Les effets de cette éducation, qui se proposait de ne laisser aucun besoin de la nature humaine en détresse, étaient contrôlés par les œuvres, par la contrition, par l'examen de conscience, durant lequel le fidèle confrontait l'état de son cœur et sa conduite avec son idéal, et surtout par la confession. Les abus de cette dernière discipline ont fait méconnaître ses bienfaits ; mais elle correspond à l'une des inclinations les plus délicates de notre nature ; car les âmes souffrantes, délaissées, scrupuleuses ou torturées par le remords, éprouvent toujours, par moments, le besoin de s'ouvrir discrètement, de s'épancher et de chercher des conseils, des consolations ou de l'indulgence auprès de confidents qui leur inspirent de la sympathie ou du respect.

En cas de nécessité, le pouvoir spirituel catholique réprimait les fautes par les pénitences publiques et par l'excommunication qui facilitaient la réaction de l'opinion publique contre les coupables.

Enfin ce pouvoir eut pour auxiliaires actifs les grandes natures morales qu'il suscita et qui furent, sous son règne, fréquentes et nombreuses.

Le concours de tous ces éléments réalisa si parfaitement l'unité mentale, morale et sociale, au Moyen Age, que toutes les sciences, tous les arts, toute la politique, toute la vie de cette époque ont une inspiration et une destination catholiques.

Quoique diminué, le pouvoir spirituel catholique se manifesta encore sous la Renaissance, époque à laquelle la papauté seconda d'abord l'essor des lettres et des arts, réforma le calendrier, servit d'arbitre entre l'Espagne et le Portugal pour la délimitation de leurs empires coloniaux, et tenta de régénérer les mœurs corrompues de l'Eglise ; mais, en condamnant Galilée à l'abjuration de la théorie du double mouvement de la terre, elle se montra définitivement rebelle à l'avènement de l'esprit moderne. Celui ci se détacha d'elle et la papauté se rendit odieuse par les stériles et san-

guinaires efforts qu'elle fit pour restaurer son autorité
répudiée. Un pouvoir spirituel dispersé se substitua
finalement au pouvoir concentré qu'elle avait longtemps exercé et l'anarchie mentale et morale fit son
apparition.

7. — *Le pouvoir spirituel dans les temps modernes.*

I

POUVOIR SPIRITUEL, NÉGATIF ET RÉVOLUTIONNAIRE

En secouant le joug de la papauté, les audacieux
libres penseurs du XVIᵉ siècle crurent naïvement qu'ils
s'affranchissaient de toute souveraineté de même
nature. En réalité, ils se soumirent simplement à un
autre pouvoir spirituel ; car les uns se replacèrent
immédiatement sous la servitude de la Bible et les
autres devinrent fanatiques des dogmes révolutionnaires.

L'intolérance théologique changea de dogme et le
protestantisme s'étant décomposé très vite en une multitude de sectes, la diversité et le particularisme des
opinions religieuses qui existaient avant le christianisme, se rétablirent sous une forme nouvelle.

Le règne de l'individualisme fut de la sorte inauguré
et cette anarchie des croyances servit de prélude à l'état
révolutionnaire, caractérisé par les conceptions mystiques :

de la nature ;

de la liberté illimitée de conscience ;

de la souveraineté du peuple ;

de l'égalité absolue des hommes.

Chacune de ces conceptions, érigée en dogme nouveau, fut inspirée par la nécessité de démolir une des pièces correspondantes de l'ancien édifice théologico-monarchique.

La première ruina l'autorité de la théologie ; la seconde, celle du clergé ; la troisième, celle de la royauté ; la dernière, celle de l'aristocratie de naissance et de la richesse.

Voltaire et Rousseau remplirent l'office de papes.

Un nouvel évangile, l'évangile révolutionnaire fut construit et propagé, principalement par le second.

Les conditions psychiques et sociales rendaient cet évangile inévitable et indispensable ; mais, au fond, ses dogmes ne sont ni moins arbitraires ni moins absurdes que ceux de la théologie.

Néanmoins, la proclamation du dogme mystique de la liberté de conscience représente un progrès capital dans l'évolution du pouvoir spirituel. Ce dogme a popularisé la notion de la véritable nature et des attributs essentiels de ce pouvoir contre qui la force est impuissante et qui ne peut lui-même s'imposer par la force.

II

POUVOIR SPIRITUEL, POSITIF ET ORGANIQUE

Tandis que l'autorité spirituelle de l'Eglise catholique s'affaiblissait et que le mouvement négatif et révolutionnaire se développait, un mouvement organique et positif prenait parallèlement naissance et provoquait la formation, lente mais progressive et indestructible, d'un pouvoir spirituel très différent de la théologie et de la métaphysique qu'il est manifestement appelé à supplanter également.

Les origines de ce mouvement remontent au Moyen Age, à la fondation des Universités, à la résurrection de l'Hellénisme, à la restauration des sciences et de la philosophie rationnelle de l'antiquité conservées et transmises par les Arabes.

Le pouvoir spirituel qu'il comporte prit un vigoureux essor à l'époque de la Renaissance, grâce à la découverte de l'imprimerie et de la gravure et à la diffusion du trésor de toutes les connaissances; mais ce fut un pouvoir analytique, spontané, dépourvu de coordination.

Les beaux-arts, les premiers, se détachèrent du vieux tronc théologique et vécurent indépendants.

Puis les sciences, l'astronomie en particulier, transformèrent les méthodes de recherche, l'orientation et le contenu de l'esprit humain. Bien plus redoutables que les doctrines critiques et révolutionnaires, elles agirent par substitution en remplaçant ce qu'elles détruisaient et suggérèrent à d'audacieux penseurs, au premier rang desquels brillent Bacon et Descartes, une philosophie toute nouvelle.

Leibnitz rêva même d'instituer une académie universelle pour remplacer la papauté.

Dans tous les cas, dès le XVIIe siècle, une union nouvelle s'établit entre tous les esprits éclairés.

Voltaire le constate dans son *Histoire du siècle de Louis XIV* :

« Jamais, dit-il, la correspondance ne fut plus uni-
« verselle entre les philosophes. On a vu une Répu-
« blique littéraire établie insensiblement en Europe
« malgré les religions différentes. Toutes les sciences,
« tous les arts ont reçu des secours mutuels ; les aca-
« démies ont formé cette République... Les véritables
« savants dans chaque genre ont resserré les liens de
« cette grande société des esprits, répandue partout et
« partout indépendante.

« ...On doit ces progrès à quelques sages, à quelques
« génies, répandus en petit nombre dans quelques

« parties de l'Europe, presque tous longtemps obscurs
« et souvent persécutés. Ils ont éclairé et consolé la
« terre pendant que les guerres la désolaient. »

La transformation des mœurs accompagna celle des
idées et les sociétés subirent une régénération si profonde que les véritables philosophes du xviii° siècle, les
Encyclopédistes, reconnurent la nécessité d'en prendre
la direction ; ils entreprirent de réorganiser la société
sans Dieu ni roi.

Malheureusement, le mouvement révolutionnaire
l'emporta sur le mouvement reconstructeur, en vitesse
et en énergie.

L'évangile révolutionnaire, issu du sentiment,
recruta plus de fidèles et des fidèles plus actifs que la
doctrine positive, encore incomplète et mal formulée.

Seules, les institutions fondamentales de la Révolution française, son vaste programme d'enseignement
public, ses efforts pour l'institution d'une nouvelle
éducation populaire et d'un nouveau culte entièrement inspiré par la raison, son enthousiasme régéné-
rateur et sa foi dans l'avenir, traduisirent les aspirations des penseurs émancipés du xviii° siècle à la
constitution d'un nouveau régime organique.

8. — Conclusion

En résumé, l'organisation du pouvoir spirituel, dans
le passé, a rendu d'immenses services. L'Humanité lui
doit, en partie, sa croissance ininterrompue, sa vigueur
et sa noblesse. Mais, en raison de son origine fictive,
de l'absolutisme des dogmes qu'elle a généralement
représentés, de son éternelle tendance à subalterniser
le pouvoir temporel et de son inaptitude à s'adapter
aux conditions changeantes des idées et des mœurs,

cette institution a, d'autre part, maintes fois, fait obstacle aux progrès naturels de l'évolution. Son histoire est à la fois resplendissante et lugubre. De grandes maladies sociales aussi lui sont imputables.

La stagnation théocratique, l'entretien des superstitions, les guerres religieuses, les crimes de l'Inquisition, l'intolérance des Universités aristotéliciennes, le fanatisme révolutionnaire, l'orgueil inflexible de tous les clergés théologiques ou métaphysiques sont autant de témoins qui déposent contre elle et proclament la nécessité de chercher, ailleurs que dans le sépulcre du passé, les éléments de son indispensable régénération.

IV

État actuel du pouvoir spirituel

1. — *Aspect général*

Le double mouvement d'opinion négatif et positif, qui caractérise les Temps modernes, s'est prolongé et fortifié pendant tout le cours du XIX° siècle ; il est maintenant dans la plénitude de sa vigueur et le mouvement négatif ne peut désormais que s'épuiser dans de vaines convulsions ; car, à moins d'aboutir à l'anarchie totale et à la dissolution sociale, il ne peut plus utilement rien démolir.

C'est l'ordre social, beaucoup plus que le progrès, qu'il importe maintenant de garantir.

Les éléments spontanés et diffus du pouvoir spirituel, analysés dans le second chapitre de cette étude, subsistent toujours, naturellement ; mais il n'existe plus d'organisation capable de les rallier et de discipliner les âmes.

La désagrégation mentale et morale étend ses ravages jusque dans la famille, cette molécule sociale irréductible. Le mari, la femme, les enfants, professent souvent des opinions différentes et antagonistes, parce qu'en l'absence de tout pouvoir spirituel collectif concentré et du contrepoids d'une opinion publique homogène, le pouvoir spirituel individuel reconquiert son indépendance et fonctionne sans frein.

2. — *Survivance des anciens pouvoirs spirituels*

Les sociétés contemporaines sont encombrées des résidus des anciennes croyances fétichiques, polythéiques, monothéiques, méthaphysiques; mais toutes ces croyances végètent également.

Le morcellement des religions et des doctrines est poussé jusqu'à la pulvérulence et pourtant la foi est devenue de plus en plus tiède.

Les sociétés occidentales renferment des sectes multiples de catholiques, de protestants, de juifs, de déistes et de libres penseurs; mais la majorité des membres de ces clans est dépourvue de fortes convictions directrices. D'aucuns même, pauvres épaves morales, passent de l'un dans l'autre et consument en vain leur vie à la recherche d'un abri sûr pour leur âme incessamment tourmentée par le doute.

En tout cas, la maîtrise de l'esprit public échappe définitivement à la théologie; elle ne lui appartient plus à aucun titre, la morale ne s'étant pas soustraite à son empire moins complètement que l'intelligence et l'activité pratique.

Le pouvoir spirituel, organisé par le Catholicisme, est, il est vrai, toujours debout. Ce grand spectre donne même, par instants, quelques signes de vitalité languissante; mais il est souvent plus nuisible qu'utile et ne contribue qu'à retarder l'évolution. Les preuves dernières de sa conservation léthargique qu'il a fournies, le Syllabus, la proclamation du dogme de l'Immaculée Conception, l'anathème contre le modernisme ne sont que d'absurdes défis à la raison moderne. D'ailleurs, ce sont plutôt des actes d'une politique obscurantiste, qui cherche son point d'appui dans l'indigence mentale et la sentimentalité naïve des masses incultes.

Enfin ce pouvoir vient, d'une manière décisive, de démontrer son impuissance et de se déshonorer par l'attitude équivoque et même amorale qu'il a prise dans les graves conjonctures présentes, en ne protestant

jamais contre la violation de la neutralité belge, en ne
flétrissant aucun des abus de la force, en déclarant
d'abord qu'il était « inutile d'engager l'autorité ponti-
ficale dans le litige même des belligérants », qu'il devait « embrasser dans un même sentiment de charité
tous les combattants », et en prenant ensuite l'initiative de propositions de paix auxquelles, seuls, les criminels auteurs de la guerre ont souscrit.

La parole du pape est constamment restée sans effet.

Suivant la juste remarque d'Alfred Loisy (1) la
papauté s'est attribué à elle-même, au milieu du conflit
européen, cette position de témoin neutre la plus
effacée, il est permis de dire, la plus pitoyable, que
put accepter, en face des problèmes de droit, de haute
morale individuelle, sociale et humaine, que pose
cette guerre, une autorité qui se dit établie par Dieu
pour indiquer à tous les peuples et à tous les hommes
le chemin de la vérité. De Belgique et de France, les
croyants catholiques ont tourné leurs regards vers le
siège de Pierre et ils ont dû constater avec stupeur
que ce siège était vide. »

Ils ont même constaté que « si le pape était neutre,
il n'était pas impartial » (2).

Sans vouloir accumuler complaisamment les griefs,
on est, de plus, autorisé à penser que le message du
mois d'août 1917, dans lequel le pape dit que « la pro-
longation de la guerre ne sera qu'un carnage inutile »,
a produit de déplorables ravages en Italie et contribué,
par son action démoralisante, au désastre militaire
du mois de novembre suivant.

Dans ces solennels événements qui permettent de
sonder les reins des hommes, la dignité du pouvoir

(1) *Guerre et Religion :* 5-6.
(2) *Ibidem ;* p. 70.

spirituel catholique expirant n'a été sauvegardée que
par le vénérable archevêque de Malines, le cardinal
Mercier, et par quelques prélats français qui ont sévè-
rement condamné, au nom de l'Humanité indignée,
les impudents attentats de l'Allemagne contre toutes
les formes de la morale politique.

3. — Conceptions matérialistes nouvelles

Malheureusement, à la faveur de l'anarchie spirituelle à laquelle le monde est en proie, de nouveaux
évangiles révolutionnaires sont constamment composés et complètent l'ancien.

Les plus populaires actuellement sont l'évangile col-
lectiviste et l'évangile anarchiste, bréviaires de guerre
civile et de terrorisme qui comptent leurs fervents par
milliers. Ceux-ci viennent de donner, en Russie, la
mesure de leur délire utopique ; ils ont fourni la
preuve expérimentale, cruelle mais péremptoire, du
caractère pernicieux des doctrines qui s'ingénient à
exalter les passions égoïstes et l'instinct destructeur.
Le mysticisme révolutionnaire russe a favorisé la pro-
longation de la guerre générale et déchaîné la guerre
civile en Russie ; il est responsable d'une immense et
inutile destruction de vies humaines et de biens matériels.

Toutefois, il a de nouveau mis en évidence le
pouvoir souverain des idées et des mœurs, même des
idées absurdes et des mœurs corrompues. Au spectacle
de la décomposition de l'empire russe, on ne peut nier,
en effet, que ce soient les idées et les mœurs qui subordonnent les institutions et régissent magistralement
l'édification et le démembrement des sociétés.

Grâce à cette démonstration par le fait, les obser-

vateurs les moins perspicaces peuvent, en outre, reconnaître que l'erreur qui fait aujourd'hui divaguer
les foules n'est plus l'erreur théologique, mais l'erreur
révolutionnaire, et que cette nouvelle subjectivité, ce
nouveau mysticisme, en contemplation devant un monde
imaginaire, peuvent, comme les anciens mythes, illu-
sionner les hommes au point de les empêcher d'aper-
cevoir les réalités les plus immédiates et de les plon-
ger dans l'illuminisme chronique.

Toutefois, l'idéalisme Allemand, malgré son idolâtrie
de l'Etat, mérite aussi d'être rangé parmi les doctrines
matérialistes et anti-sociales les plus funestes de ce
temps, parce que rétrogradant jusqu'aux époques antérieures à toute organisation sociale, il nie l'empire
du pouvoir spirituel ; il nie même sa légitimité ; il ne
reconnaît d'autre pouvoir souverain que celui de la
brutalité et tend à perpétuer la guerre entre les nations.

S'insurgeant contre tous les enseignements de l'histoire et contre tous les faits contemporains, l'Allemagne croit stupidement que l'Humanité ne peut être
gouvernée que par la violence. Elle est tellement infec-
tée par ce préjugé que, pendant tout le cours de l'horrible guerre qu'elle vient de provoquer, aucune parole
généreuse n'est tombée des lèvres de ses gouvernants ;
ils n'ont fait aucun geste magnanime. Toutes leurs
déclarations ont été inspirées par la menace, par la
cruauté, par la conviction que la force crée le droit et
que, par suite, tous les crimes sont licites quand on
peut les commettre impunément.

Ce cynique état d'âme est d'autant plus dangereux
qu'il s'accompagne d'une foi mystique et que l'Allemagne se considère comme investie par une divinité
sanguinaire de la mission de faire régner son idéalisme sauvage sur toute la terre livrée, pour son bonheur futur, à son insatiable voracité.

4. — *Multiples éléments d'un nouveau pouvoir spirituel, systématique.* — *Vaines tentatives pour les utiliser.*

Cependant, dans l'universel désarroi, au milieu de la profonde incohérence de la mentalité, de la morale publique et de la politique, de nombreux éléments annonciateurs et constitutifs d'une régénération du pouvoir spirituel existent; ils révèlent tous les jours leur croissance et leur vigueur.

L'esprit positif, les méthodes positives, la notion de loi naturelle se sont, depuis Auguste Comte, introduits jusque dans la sociologie et dans la morale. Toutes les connaissances, tous les objets de nos connaissances sont maintenant entrés dans le domaine scientifique.

Le temps où l'on inventait l'ordre des phénomènes a fait place à l'observation objective de leurs manifestations.

La mentalité humaine s'est transformée ; elle a passé, du moins chez les savants et les penseurs émancipés, de l'état théologique et métaphysique à l'état positif.

En outre, grâce à la science, l'Humanité est maintenant armée d'une puissance formidable envers les choses ; elle a domestiqué la plupart des forces naturelles ; elle les fait docilement servir à ses besoins, et, sous cette forme, au moins, les connaissances scientifiques se sont répandues dans toutes les classes et sur toute la surface de notre planète.

De plus, la liberté de parler et de se réunir, la presse et l'électorat fournissent à l'opinion publique des moyens d'information et d'action qui lui faisaient jadis défaut. La télégraphie permet de propager les nouvelles avec une rapidité et une étendue telles que cette opinion est, en beaucoup de cas, non seulement nationale, mais planétaire.

Quotidiennement, le journalisme, pouvoir spirituel sans responsabilité, habituellement plus friand de scandales que de morale sociale, juge, condamne et même exécute, suivant une locution qu'il affectionne.

Jamais tous les organes élémentaires du pouvoir spirituel n'ont rempli leurs fonctions avec autant d'activité.

Les littérateurs, les artistes, les savants, les philosophes, les moralistes, les prêtres, les pédagogues, les agitateurs politiques, se disputent la direction de l'opinion publique. Parmi les femmes elles-mêmes, un parti très actif s'est formé pour convertir cette opinion à l'idée que la condition féminine doit être transformée et que toute distinction entre la fonction sociale des deux sexes doit être abolie.

Jamais on ne s'est autant occupé de l'éducation populaire. L'éducation militaire elle-même est devenue un problème d'éducation intellectuelle et morale, un cas spécial de l'éducation civique. Les armées sont nationales et leur valeur dépend surtout de la valeur morale des soldats.

Un nouveau pouvoir spirituel organique agit donc manifestement, d'une manière incessante, sur l'esprit public ; mais ce pouvoir est amorphe, diffus, incohérent et sans unité de doctrine, même dans l'instruction publique où l'enseignement des connaissances n'est aucunement coordonné, en vue de l'éducation générale qu'impose la destination positive de la vie humaine ; il n'a d'autre but que de satisfaire des intérêts matériels, en facilitant l'accès du plus grand nombre possible de carrières.

Auguste Comte en faisait déjà la triste constatation, il y a près d'un siècle.

« Dans l'appréciation raisonnée des sciences, disait-il, on a méconnu de plus en plus leur importance philosophique, et elles n'ont été évaluées qu'en raison de leurs services pratiques. » (1).

Le fait est encore bien plus fréquent de nos jours, où l'on est enclin à considérer exclusivement le pouvoir spirituel sous l'aspect intellectuel, et même à ne cultiver les connaissances qu'en vue de leurs applications industrielles.

L'exemple de l'Allemagne où cette conception purement matérialiste du pouvoir de la science est surtout en honneur, montre combien elle est insuffisante et combien une science « sans âme » peut s'avilir en se bornant à donner des moyens de satisfaction plus perfectionnés aux instincts pervers en rendant la bête humaine plus redoutable.

Les sociétés contemporaines souffrent de l'absence d'éducation et de discipline morales. Aucun organe n'est constitué pour parler aux peuples avec autorité, pour leur enseigner et leur rappeler leurs devoirs mutuels et pour continuer l'œuvre perpétuelle de subordination de la politique à la morale.

Cependant le besoin d'une coordination des opinions ne cesse de s'exprimer d'une manière caractéristique.

Sous la forme de congrès internationaux, les sciences tiennent fréquemment de véritables conciles œcuméniques, où les connaissances, les méthodes et les objets de recherches sont mis en commun et unifiés.

Une association internationale des Académies, réalisant, « sous une forme visible et permanente, cette académie universelle rêvée et préparée par Leibnitz », s'est fondée pour organiser la coopération internationale des savants et aborder les grands problèmes scientifiques qui « ne sauraient plus être résolus par une seule

(1) *Considérations sur le pouvoir spirituel.*

nation », et réclament « l'accord et le concours de l'ensemble toujours grandissant des nations civilisées. » (1).

Des congrès religieux, unitaires, se sont réunis, avec l'ambition de faire converger vers un lit commun et de confondre en une croyance unique tous les grands courants théologiques contemporains.

Des sociétés éthiques ont entrepris la culture de la morale en dehors de toute confession dogmatique.

Les universités populaires ont tenté de faire collaborer les théoriciens, les philosophes et les prolétaires à l'institution d'un nouveau système d'éducation populaire pour les deux sexes.

Il existe des sociétés internationales des parlements et des protagonistes de l'arbitrage.

Une union de toutes les associations internationales s'est fondée pour développer l'esprit international et la vie internationale.

Enfin, la presque totalité des nations civilisées, représentées à la conférence diplomatique de la Haye de 1907, a donné son adhésion au principe de l'arbitrage obligatoire, en cas de conflit international et l'idée de l'unification du genre humain, sous la forme d'une association de toutes les patries, est très en faveur.

Mais, quelqu'intéressantes qu'elles soient, ces tentatives d'organisation d'un nouveau pouvoir spirituel représentent des aspirations plutôt que des réalisations, elles ne pourraient, d'ailleurs, aboutir qu'à des solutions partielles et indépendantes. Aussi ne sont-elles pas parvenues à constituer une opinion publique homogène ni même à faire comprendre la nécessité générale de cette homogénéité.

(1) Discours de M. Darboux à la première assemblée générale, Paris, 1901.

*5. — Le pouvoir spirituel restant vacant, la nécessité oblige
les gouvernements à l'exercer*

Dans les conditions sus-indiquées, quand la morale
politique internationale est l'objet d'attentats, quand
des peuples criminels troublent l'ordre général du
monde, quand la civilisation est menacée, le pouvoir
spirituel, qui ne peut jamais être anéanti, réagit par
l'organe de ceux-là seuls qui restent qualifiés pour
parler au nom des peuples. Les gouvernements s'em-
parent de ce pouvoir vacant et le combinent momentanément avec leur autorité pratique.

Effectivement, par un renversement des rôles, ce
sont les gouvernements qui, dans le cours de cette
guerre, ont défendu la morale, flétri, comme il conve-
nait, la politique allemande, et assigné à la lutte des
buts généraux propres à sanctifier ses horribles carna-
ges et à orienter l'humanité vers des destinées moins
barbares.

L'Angleterre, la première, est intervenue pour la
sauvegarde du droit et de la morale et la beauté de son
geste est rehaussée par l'universelle passivité dans
laquelle les neutres sont restés au début, le Brésil
excepté.

« C'est bien à contre-cœur et sans être préparés à
cette terrible épreuve, a dit M. Lloyd George (1), que
nous avons été forcés à cette guerre pour notre légitime défense, pour la défense du droit public européen violé et le respect des obligations des traités les
plus solennels sur lesquels reposait le droit public
de l'Europe et que l'Allemagne avait brutalement foulé
aux pieds en envahissant la Belgique. Il nous fallait,

(1) Discours aux délégués des Trade-Unions, sur les buts de guerre de
la Grande-Bretagne : 5 janvier 1918.

soit entrer dans la lutte, soit rester spectateurs, voir l'Europe vaincue et la force brutale triompher du droit public et de la justice internationale. Seule, la perspective de cette effroyable alternative a contraint le peuple britannique à entrer en guerre. »

Mais la défense de la morale internationale a surtout été solennellement prise, quoique tardivement, par les Etats-Unis, lorsqu'ils ont décidé d'intervenir, en déclarant le 2 avril 1917, par l'organe du président Wilson :

Que « leur mobile ne sera pas la vengeance, ni l'affirmation de la force physique de leur pays, mais seulement la revendication du droit, du droit humain, dont ils ne sont qu'un des champions ; »

Que « leur objet est de soutenir les principes de paix et de justice dans la vie du monde contre l'égoïsme des pouvoirs autocratiques et d'établir entre les peuples vraiment libres et se gouvernant eux-mêmes, un tel accord de propos et d'action qu'il puisse désormais assurer le respect de ces principes ; »

Finalement, qu'ils lutteront « pour la domination universelle du droit par une association de peuples libres qui apporte paix et sécurité à toutes les nations et rende au monde enfin la liberté. »

Ces sublimes affirmations ont été répétées avec une force croissante et une imperturbable sérénité par le président Wilson, dans tous ses messages consécutifs, et plusieurs d'entre ceux-ci méritent, par la forme et par le fond, de figurer parmi les plus mémorables encycliques.

Le gouvernement Anglais et celui des Etats-Unis ont, dans ces grandes circonstances historiques, si bien fait acte de pouvoir spirituel que, non seulement ils ont converti leurs peuples à leur conception de la guerre, mais encore qu'ils ont rallié d'autres peuples à cette conception et que la grande majorité de l'Humanité adopte aujourd'hui leur point de vue. Un grand souffle fraternel a de la sorte soulevé la presque totalité du genre humain contre les peuples pervers qui rêvaient de restaurer, en l'aggravant, le règne archaïque de la sauvagerie et, troublés par la crainte de l'anéantissement, ces derniers eux-mêmes ont, avec une sincérité suspecte, dû rendre hommage à la puissance de ce sentiment.

Par suite, cette guerre est devenue une guerre de principes. C'est la guerre de la moralité altruiste à la nature égoïste, de la civilisation à la barbarie, de la religion universelle à la religion nationale.

C'est pourquoi les diverses proclamations de ses buts, par les porte-parole des Etats alliés, ont toujours été caractérisées par l'hostilité contre l'esprit de conquête, par la répudiation des habitudes de violence et de domination, par l'affirmation de l'esprit de la civilisation pacifique et industrielle qui, comme Auguste Comte l'a prévu et démontré, doit inévitablement succéder aux vieilles civilisations militaires, condamnées à s'éteindre.

Ainsi, du sein même de la plus gigantesque, de la plus anarchique et de la plus épouvantable des guerres, jaillit un radieux idéal de justice, de solidarité et d'union internationales.

Une foi humaine et la notion vraiment religieuse d'Humanité se répandent et s'affirment dans le monde (1).

Cet idéal nouveau, cette foi nouvelle offrent de grandes analogies avec ceux qu'Auguste Comte a déduits, comme une loi naturelle, de l'étude philosophique de l'histoire. Les positivistes peuvent, plus que tous autres, se féliciter de ce résultat; il est le précurseur nécessaire de l'avènement de leur propre idéal;

---

(1) ALFRED LOISY : *La religion* et *Guerre et religion.*

il doit consolider leurs convictions et stimuler leur
zèle.

6. — *Une solution plus normale doit néanmoins être instituée.*

Car la satisfaction que les positivistes éprouvent en
voyant leur idéal si efficacement défendu, par les gouvernements alliés et par l'opinion publique dont ils
sont les organes, ne doit pas les dispenser d'agir en sa
faveur ; au contraire.

Le problème de l'organisation d'un pouvoir spirituel
en harmonie avec cet idéal et celui des peuples alliés
n'est que momentanément et partiellement résolu.

La guerre terminée, la paix conclue, même dans des
conditions les plus conformes à nos espérances, ce
problème restera posé, impérieux, inéluctable, et sa
solution rationnelle, devenue plus nécessaire aux
yeux de tous, ne pourra pas être plus longtemps
ajournée.

Un système d'éducation, propre à activer, fortifier,
développer et transmettre le même idéal aux générations futures, devra être institué.

L'éducation morale doit être réorganisée et la spé-
cialisation intellectuelle et pratique, contemporaine,
rend elle-même plus indispensable que jamais la formation d'une classe de penseurs faisant de l'étude des
idées générales, une spécialité de plus, comme le pré-
conisait Auguste Comte, dans le but non seulement,
de communiquer ces idées au public, au moyen de
livres dogmatiques et d'un enseignement méthodique,
mais encore de les rappeler sans cesse à l'attention et
au respect de tous.

En s'appuyant sur l'observation et l'expérience du
passé, on peut affirmer que ce nouveau pouvoir spiri-

tuel systématique, éxigé par les besoins actuels, en germe dans le monde contemporain, se constituera fatalement. On peut même déterminer, d'ores et déjà, les caractères qui le distingueront de ses prédécesseurs.

Car l'état actuel des idées et des mœurs révèle l'existence d'une nouvelle philosophie, d'une nouvelle morale, d'une nouvelle politique, d'une nouvelle religion, que les contemporains pratiquent inconsciemment. Il convient seulement de vulgariser, de perfectionner, de systématiser cette philosophie, cette morale, cette politique et cette religion, c'est-à-dire de reconstituer avec elles le pouvoir spirituel.

Tous les matériaux de cette reconstitution existent; il suffit de les coordonner.

Cette coordination même est, en principe, accomplie depuis Auguste Comte; la tâche du temps présent est de l'enseigner et de la mettre en œuvre, en régénérant l'éducation publique.

V

Conception théorique de l'organisation positive du pouvoir spirituel

§ 1ᵉʳ — Fonctions générales du pouvoir spirituel dégagées de l'observation et de l'expérience

L'évolution historique démontre la spontanéité permanente du pouvoir spirituel, son développement croissant dans l'Humanité et sa prédominance dans les modifications successives que les idées, les mœurs et les institutions ont subies.

Elle révèle, en outre, que, de tout temps, sous quelque forme qu'il se soit organisé, le pouvoir spirituel eût pour attributs distinctifs :

de cultiver, enseigner et propager une doctrine ;

d'appliquer cette doctrine en donnant, au nom de ses principes, des conseils relatifs aux nécessités diverses de la vie privée, domestique et publique ;

de juger, à l'aide des lumières qu'il puisait à la même source, les idées, les mœurs, les institutions et les lois ;

de donner une sanction à ces jugements, en approuvant les mesures et les innovations conformes à la doctrine dominante et en réprouvant celles qui se trouvaient en contradiction avec elle ;

bref, de former, éclairer, diriger l'opinion publique.

Enfin, l'histoire apprend qu'en dehors des temps d'agitation révolutionnaire, le pouvoir spirituel a, de plus, pour fonctions politiques capitales :

théoriquement, de lier le présent au passé et à l'avenir;

pratiquement, d'obtenir le dévouement des forts aux faibles, en subordonnant la politique à la morale, et la sympathie des faibles pour les forts, en inspirant le respect des autorités légitimes et une digne résignation aux inégalités sociales inévitables.

En résumé, le rôle normal du pouvoir spirituel est d'être à la fois l'agent actif du progrès et l'instituteur de l'ordre intellectuel et moral, tandis que celui du pouvoir temporel est de coopérer à l'évolution sociale en maintenant l'ordre matériel et en subordonnant les intérêts particuliers à l'intérêt général.

Mais les pouvoirs spirituels, antérieurement organisés par l'Humanité, n'ont été définitivement que des pouvoirs partiels, locaux et temporaires, autrement dit des ébauches de pouvoir spirituel.

Faute d'une connaissance suffisante du monde, de la vie, de l'homme et de la société, ils se sont tous montrés imparfaits et, à la fin, arriérés; ils n'ont pu ni se généraliser, ni se maintenir, parce qu'ils étaient incapables de s'adapter à des conditions différentes de celles qui les avaient fait surgir.

Tout en recueillant attentivement les fruits de leur expérience, il faut, par conséquent, corriger leurs imperfections et se garder de leurs erreurs.

§ 2. — Caractères spécifiques du pouvoir spirituel positif

1. — Caractères négatifs

Le nouveau pouvoir spirituel organique, que l'Humanité réclame, doit remplir nécessairement les fonctions que, de tout temps, la nature des choses a imposées à cette institution ; mais, comme il doit, sous peine de ne pas naître ou d'avorter, se trouver en harmonie avec le nouveau régime mental, moral et social de l'Humanité, il doit, de plus, satisfaire à des conditions négatives et positives dont ses prédécesseurs n'ont pas connu l'obligation.

Tout d'abord, il ne doit pas être théologique, et son champ d'action ne doit avoir pour bornes, ni une nation déterminée, ni même un système spécial de nations, comme l'Occident. Dès le début de sa carrière philosophique, Auguste Comte apercevait clairement ce caractère nécessairement international du nouveau pouvoir spirituel ; il disait :

« Les relations entre peuples ayant à la fois beaucoup plus d'étendue et une bien plus grande continuité dans la civilisation moderne que dans celle du moyen-âge, le réglement en devient d'autant plus nécessaire. L'activité collective de la société européenne, qui n'a existé, dans l'ancien système, que par intervalles fort éloignés, doit devenir, dans le nouveau, sinon rigoureusement permanente, du moins extrêmement fréquente. Elle est déterminée, soit par des opérations d'une utilité commune, qui exigent le concours de deux ou d'un plus grand nombre de peuples ; soit par l'influence d'ensemble, en partie répressive, que les nations les plus civilisées doivent exercer sur celles qui le sont moins, dans l'intérêt commun des unes et des autres. Ces divers motifs seront même assez puissants peut-être pour provoquer la formation d'un certain degré de souveraineté temporelle s'étendant à la fois sur plusieurs des peuples les plus avancés. Mais ce qui est évidemment incontestable, dans toute supposition, c'est qu'ils nécessitent directement l'établissement d'une doctrine sociale, commune aux diverses nations, et, par conséquent, d'une souveraineté spirituelle, capable de maintenir cette doctrine, en organisant une éducation européenne et de l'appliquer ensuite convenablement dans les relations effectives. » (1)

2. -- *Caractères positifs*

D'autre part, le nouveau pouvoir spirituel ne peut plus procéder par affirmations ; sa doctrine ne peut être ni inspirée, ni révélée, comme celles qui ont antérieurement dirigé l'évolution de l'esprit humain. Ce ne peut être qu'une doctrine scientifique ; ses organes ne doivent invoquer que des raisons vérifiables à l'appui de leurs assertions.

D'une manière effective, ce pouvoir spirituel doit nécessairement avoir pour objets ;

la constitution et l'enseignement d'une philosophie et d'une morale positives ;

l'organisation de la conduite individuelle et collective, conformément aux principes de cette philosophie et de cette morale ;

l'établissement de l'unité mentale, morale et sociale du genre humain, dont la formation spontanée, très avancée, constitue le but éminent de la civilisation générale.

Systématisation de l'état spontané,
Abandon de l'esprit théologique,
Développement de l'esprit positif,
Solidarité internationale,

tels sont les principes fondamentaux dont un pouvoir spirituel doit se prévaloir aujourd'hui pour former une opinion publique homogène, universelle, capable de durée.

Le passé a systématisé le pouvoir spirituel des morts,

(1) *Opuscules de philosophie sociale :* Edition Leroux p. 285.

6

celui des astres, celui des grandes forces de la nature, celui de l'Humanité mystique ; il appartient au présent et à l'avenir, de régénérer son œuvre et de systématiser, en outre, le pouvoir spirituel des savants, de la philosophie scientifique et de l'Humanité réelle.

Auguste Comte a doté d'attributions plus précises (1) le pouvoir spirituel, positif, dont il a, le premier, reconnu l'urgence et prédit l'avènement ; mais la plupart de ses vues, à ce sujet, trop étroitement liées au souvenir du pouvoir spirituel catholique, ne sont, jusqu'ici, que des hypothèses dont la valeur ne peut être jugée, faute d'applications.

Au surplus, on ne peut régler que des forces existantes, spontanément surgies. Or, le pouvoir spirituel, positif, est encore en voie de développement et la nécessité de son institution domine toutes autres.

Par conséquent, on peut différer d'opinion sur l'organisation détaillée du nouveau pouvoir spirituel et sur la manière dont il remplira tous ses rôles dans l'état positif pleinement réalisé.

En revanche, on ne saurait avoir aucune incertitude plausible sur sa fonction présente. Cette fonction est de former une opinion publique animée et ralliée par l'idée de l'Humanité.

Le nouveau pouvoir spirituel ne peut réellement se concevoir sans la constitution préalable de cette opinion.

Il doit d'abord, l'organiser et, simultanément, s'organiser lui-même.

Aucun besoin n'est plus impérieux.

Il faut, avant tout, régénérer les opinions et les mœurs, faire l'éducation du public, élever l'esprit et

(1) Voir *Politique Positive*, IVᵉ volume.

le cœur de celui-ci au niveau des aspirations contemporaines :

en l'imprégnant de la conception positive du monde, de la vie, de la société, qui se dégage de l'ensemble des sciences de notre époque ;

en démontrant qu'il existe une science sociale et une science morale ;

en enseignant la philosophie de l'histoire et la continuité des générations ;

en popularisant la notion de providence humaine ;

en convainquant l'opinion que l'évolution mentale, morale et sociale est soumise à des lois naturelles ;

en rendant familière la destination de la civilisation générale, d'où résultent les devoirs du présent envers l'avenir.

La vie internationale existe ; il faut donc développer un esprit international, une moralité internationale, et, dans ce but, instituer un système d'éducation qui apprenne à connaître, aimer et servir, non seulement la famille et la patrie, comme par le passé, mais aussi la société des patries qui forme l'Humanité, dont l'état actuel impose désormais la considération constante.

3. — Prééminence de la fonction intellectuelle dans la constitution et l'exercice du pouvoir spirituel positif.

Le nouveau pouvoir spirituel résulte du développement de l'esprit positif et de son application à l'étude de tous les aspects du monde, de la vie, de la nature humaine et de la société ; il a pour mission naturelle et logique d'enseigner la philosophie et la morale positives, et de donner des conseils, de juger et de consacrer, en son nom, les idées, les mœurs et les institutions ; il doit donc nécessairement se distinguer par

les connaissances générales et par la capacité intellectuelle, d'autant plus qu'il doit fournir au public les
raisons de tout ce qu'il l'invite à croire.

« Le domaine théorique du sacerdoce, dit Auguste
Comte, se trouve essentiellement réduit aux lois intellectuelles, qui, toujours, constituèrent, en effet, son
principal privilège. Envers les lois morales et les lois
physiques, il n'exerce réellement qu'un office de systématisation, dont les matériaux proviennent surtout de
la culture spontanée due respectivement aux femmes
et aux chefs pratiques. Sous ces deux aspects, le vrai
génie théorique devra consulter davantage cette étude
empirique que ne le suppose l'aveugle orgueil des
savants modernes. Car nos meilleures acquisitions, à
cet égard, émanent réellement d'une telle source que
l'éducation universelle adaptera mieux à cet office
spéculatif. » (1)

Il ne s'agit pas, d'ailleurs, de transformer les sociétés en académies de pédants. Il convient seulement de
rendre populaires, les résultats généraux des sciences
et la philosophie qui s'en dégage. Ceux qui doutent
ont toujours la faculté de remonter aux sources et de
vérifier eux-mêmes les observations et les expériences
sur lesquelles reposent les assertions des philosophes
qui synthétisent les travaux des savants.

Néanmoins, en raison de la nature de la philosophie
qu'il doit professer et des progrès continuels qui
s'accomplissent dans la connaissance du monde, de la
vie et de la société, le nouveau pouvoir spirituel doit
être constamment en harmonie avec l'esprit scientifique; il doit évoluer avec lui et ne jamais s'immobiliser.

Les craintes d'un retour à l'oppression, à la stagnation et à la rétrogradation, qui ont fini par rendre les

(1) *Politique Positive: II;* p. 380.

anciens pouvoirs spirituels insupportables, ne sont pas légitimes à l'égard du nouveau ; il n'existera qu'à la condition de participer à l'évolution mentale et d'être progressif.

La doctrine positive, tirée de la philosophie des sciences, ne constitue pas un dogme absolu ni définitif; elle est constamment perfectible. Sa méthode seule est immuable.

4. — *Fonction morale.*

Toutefois, le pouvoir spirituel, comme son histoire et l'observation le démontrent, n'est pas seulement intellectuel.

Donc, le pouvoir spirituel positif ne doit pas se borner à enseigner la morale théorique, science suprême ; il doit aussi pratiquer l'art moral et cultiver les sentiments par des procédés positifs.

Même si l'Université assumait l'enseignement de la philosophie positive, elle ne constituerait pas un pouvoir spirituel complet.

Les organes actuels de l'enseignement public agissent trop exclusivement sur l'intelligence ; la moralité leur échappe et leur action cesse lorsque les jeunes gens quittent les écoles.

Or, la vie réelle est en dehors des écoles.

Une direction est indispensable pour cette vie extra-scolaire.

A défaut d'un pouvoir spirituel philosophique organisé, les littérateurs, les artistes, les journalistes, les rhéteurs continueront à exercer cette direction, dont ils se sont spontanément emparés, aussi bien que les philosophes, et le désarroi se perpétuera avec tous ses maux et tous ses dangers.

Un nouveau pouvoir spirituel positif implique, avec

la régénération de l'éducation de la jeunesse, qui ne
peut jamais être qu'une œuvre préparatoire, destinée
à la formation des opinions, la régénération des
mœurs au moyen d'une éducation intellectuelle et
morale, poursuivie pendant tout le cours de la vie et
s'appliquant aux deux sexes, sans distinction d'âge ni
de condition.

Pour obtenir ce résultat, et dans le but d'agir surtout
sur le sentiment et le caractère, Auguste Comte a
proposé d'instituer, parallèlement à l'enseignement de
la philosophie positive, un culte public, consacré à la
commémoration des grands serviteurs de l'Humanité et
de toutes les institutions sociales fondamentales. Ce
culte serait complété par la consécration civique des
principales phases de l'existence individuelle : première et seconde enfance, adolescence, jeunesse, viri-
lité, maturité, vieillesse.

L'éducation morale positive exige, en effet, le rap-
pel incessant des devoirs que l'enseignement théorique
formule et la sociologie statique et dynamique, la
théorie de l'ordre social et de la philosophie de l'his
toire, l'observation des besoins spontanés et constants
de la nature humaine et de la vie sociale, lui fournissent naturellement des moyens et un but excellents.

Le culte des grands hommes, conçu par Auguste
Comte, n'est qu'une restauration philosophique du
culte des ancêtres et une réglementation méthodique
de celui des hommes illustres, spontanément célébré.

On peut même considérer qu'on érige, en l'honneur
de ceux-ci, un nombre excessif de monuments.

De plus, le culte dont on les honore est souvent peu
justifié, superficiel et stérile.

En dehors de la cérémonie d'inauguration, il ne

comporte aucun enseignement public et, de toute manière, il ne concerne habituellement que des épisodes
civiques et ne contribue que très secondairement au
développement de la vénération.

Dans tous les cas, le nouveau pouvoir spirituel, sans
cesser de s'appuyer sur l'observation et l'expérience,
doit s'efforcer de perfectionner l'influence moralisa-
trice des femmes, des artistes et des prolétaires qui
furent, de tout temps, les principaux auxiliaires ou
appuis de ce genre de pouvoir.

Les femmes doivent recevoir une éducation conforme à leur nature physique et morale, différenciée,
à leur évolution sociale propre et à leur destination
normale qu'aucune législation artificielle ne peut
changer.

Il faut les instruire sans les déclasser ni les détour-
ner des devoirs qui leur incombent particulièrement.
Leur éducation doit, au contraire, avoir pour but de
leur faire mieux comprendre ces devoirs et de les
préparer à les remplir mieux.

Les mœurs contemporaines sont plutôt une menace
qu'un progrès pour les femmes.

En participant à la vie industrielle et politique, elles
compromettent leurs titres de noblesse et les attributs
qui ont été, jusqu'ici, la source de leur pouvoir. Obli-
gées de la sorte d'obéir à leurs sentiments personnels
plutôt qu'aux sentiments bienveillants, et de se défendre contre des rivalités de toute sorte, elles se mascu-
linisent et se dégradent.

Les services sociaux qu'elles rendent et peuvent
rendre, d'une manière plus efficace encore : comme
épouses, en devenant les compagnes éclairées de leur
mari, en modérant sa personnalité et en stimulant sa

bonté ; comme mères, surtout, en devenant des éducatrices plus parfaites ; comme ménagères, en usant
économiquement des produits ; et, d'une manière
générale, comme gardiennes de la morale et de la
culture des bons sentiments ; sont bien supérieurs à
tous ceux qui pourront jamais résulter de leur inter-
vention dans la vie industrielle et dans la vie politique.

Dans tous les cas, la famille souffre des mœurs contemporaines que la guerre en cours n'a fait qu'aggra-
ver, et la crise redoutable qu'elle subit ne peut être
conjurée que par le perfectionnement de la fonction
féminine qui, dans tout le cours de l'évolution historique, a produit d'incomparables bienfaits.

A cet égard, c'est plutôt dans le passé que dans le
présent, que le pouvoir spirituel doit puiser les inspirations nécessaires à l'éducation des femmes et à leur
adaptation à la régénération morale de l'Humanité.

C'est en vertu des mêmes principes que le pouvoir
spirituel positif doit régénérer l'art.

Sans religion, sans opinion publique coordonnée,
il n'y a pas de sentiments unanimes et nobles à idéaliser, donc pas de grand art populaire.

Les époques de floraison de l'art sont des époques
de foi religieuse ou civique.

Alors l'art se fait l'interprète éloquent du sentiment
public ; il s'ingénie à l'idéaliser et à lui donner une
consécration matérielle grandiose ou une expression
poétique sous la forme des chants, de la musique et
des fêtes, comme ce fut le cas en Egypte, en Grèce, à
Rome, pendant le Christianisme, à l'époque de la
Renaissance et sous la Révolution.

Le style en art est la représentation du goût public
pour l'époque à laquelle il correspond, et, s'il était

nécessaire de fournir une preuve matérielle de l'anarchie contemporaine des idées et des goûts, on la trou-
verait aisément dans les productions si originales, mais
si bizarres, individuelles et parfois si délirantes, des
artistes d'aujourd'hui.

L'art purement réaliste, quelle que soit sa perfection, restera toujours inférieur, parce qu'il dispense
l'artiste de penser.

La peinture réaliste, d'ailleurs, est menacée d'être
supplantée par la photographie en couleurs, dans la
reproduction des paysages et des portraits.

Seul, l'art religieux, c'est-à-dire celui qui idéalise
les idées et les sentiments élevés du public, peut avoir
une destination sociale.

Les artistes de nos jours manquent d'une éducation
philosophique positive, et de conceptions. Il incombe
au nouveau pouvoir spirituel de les leur donner.

Dans tous les cas, le nouveau pouvoir soirituel a
pour fonction capitale de développer les sentiments
sociaux et de tout subordonner à la morale, science et
art suprêmes. Il doit, par conséquent, régénérer,
au nom du même principe, les études scientifiques et
les études philosophiques elles-mêmes.

La culture exclusive de l'intelligence dessèche et
pervertit le cœur.

De plus, la science n'est pas le but de la vie humaine ; ce but est de connaître, aimer, servir la Famille,
la Patrie, l'Humanité.

Il faut connaître pour améliorer et non pour le simple plaisir d'accumuler des connaissances.

Tous les travaux des savants et surtout des philosophes, dégagés de préoccupations chimériques, pour-
suivis à l'aide des méthodes positives, à l'exclusion de
toutes autres, doivent avoir pour destination finale le

perfectionnement de la condition et de la nature humaines, par suite, la consolidation et le progrès de la
morale.

Enfin, le nouveau pouvoir spirituel doit enseigner
le dévouement social aux praticiens plus encore
qu'aux théoriciens.

A ce titre, il doit se faire l'interprète des revendica-
tions légitimes du prolétariat qui souffre plus directement du défaut de ce dévouement et qui en comprend
mieux la nécessité.

D'ailleurs, le prolétariat constitue le substratum de
l'opinion publique et cette opinion ne peut réellement
acquérir de puissance que lorsqu'elle représente, selon
l'expression d'Auguste Comte, l'association d'une grande pensée et d'une grande force.

C'est pourquoi, dans tous ses actes, avec tous ses
moyens d'éducation, le nouveau pouvoir spirituel doit
toujours avoir les prolétaires des deux sexes pour
objet et s'efforcer de faire prévaloir cette idée que
tous les capitaux humains sont sociaux dans leur
source et doivent l'être aussi dans leur destination.

La question sociale est une question morale et religieuse ; elle ne sera jamais convenablement résolue
tant que les entrepreneurs et les travailleurs resteront
campés sur le terrain de leurs intérêts particuliers et
ne se reconnaîtront pas réciproquement des devoirs.

5. — Fonction politique.

La fonction politique d'un pouvoir spirituel positif
doit être d'apprendre aux hommes à concilier l'ordre
et le progrès, l'indépendance et le concours, la liberté
et la soumission aux lois naturelles qui dominent
toute notre existence physique, intellectuelle, morale

et sociale, en un mot, de les guérir de l'esprit et de la maladie révolutionnaires.

Certes, le pouvoir politique a besoin d'être surveillé, contrôlé, parce qu'il détient la force et qu'il est naturellement enclin à abuser d'elle ; mais il a besoin aussi d'être défendu.

Or, l'expérience démontre, d'une part, que le système parlementaire est un système de contrôle insuffisant, et que ses agents eux-mêmes méritent d'être surveillés autant que le pouvoir proprement dit. D'autre part, ce système s'oppose à une bonne organisation et au fonctionnement régulier du gouvernement ; il s'immisce dans le pouvoir exécutif et il importune tellement celui-ci par ses questions et ses critiques démagogiques que souvent le temps lui fait défaut pour remplir son office naturel.

Il importe donc de redresser l'opinion publique, sous ce rapport, et de lui inculquer une appréciation plus raisonnable de la nature et de la fonction du gouvernement, à l'aide de l'enseignement de la sociologie statique et dynamique et de la judicieuse application de cette science au jugement des doctrines et des mesures politiques nouvelles.

Dans le but encore de réagir contre l'esprit révolutionnaire, redoutable avarie des sociétés modernes, le pouvoir spirituel positif doit se montrer, suivant l'heureuse formule d'Auguste Comte, « inflexible en principe, conciliant en fait », et contribuer à l'apaisement des luttes religieuses, désormais sans objet légitime.

Les institutions publiques étant entièrement sécularisées, et la théologie étant dépossédée de tout pouvoir temporel, de tout privilège, il faut éviter de la persécuter, parce que son extinction ne peut se faire que graduellement. Ceux qui ont été soumis à son éducation ne peuvent pas brusquement changer d'idées et de mœurs. Sa désuétude est inévitable et il est inutile, pour la provoquer, de recourir, comme le Catholicisme l'a fait envers le Polythéisme, au renversement de ses idoles et à la ruine de ses temples, dont plusieurs sont déjà désaffectés, faute de fidèles.

« Le Positivisme doit développer, envers le Catholicisme expirant, les dispositions, non d'un envieux rival, mais d'un digne héritier, qui, pour maintenir la loi de continuité, sur laquelle il fonde l'ensemble de ses titres, a besoin d'être sanctionné par son prédécesseur................................

..Il importe au Positivisme d'encourager partout une culture morale dont le mode le plus arriéré reste aujourd'hui préférable à l'entière désuétude, même chez les Occidentaux les mieux émancipés..........

..Il faut instituer « un digne système de ménagement envers les débris quelconques de la religion propre au moyen-âge. » (1)

Enfin le nouveau pouvoir spirituel doit seconder les dispositions pacifiques que la guerre, qui vient de s'achever, a elle-même eu pour objet suprême de sanctionner, et défendre le principe de la société des nations en voie de formation, tout en laissant les hommes d'Etat juges de l'opportunité et du mode d'organisation de cette société, à l'avènement de laquelle il doit surtout coopérer en contribuant au développement de l'esprit international.

6. — Conclusion.

Finalement, pour régénérer les sociétés contemporaines et rétablir, dans leur sein, d'une manière permanente, l'harmonie et la stabilité que les sociétés

(1) Auguste Comte : *Politique Positive IV ;* p. 386-87.

antérieures n'ont que passagèrement connues, il faut organiser une doctrine, un culte, un régime positifs, c'est-à-dire une religion démontrable, capables de rallier tous les esprits éclairés, de se généraliser et de se perpétuer.

Cette religion universelle, vainement tentée par les dernières théologies, ne peut surgir qu'avec une classe, un clergé philosophiques, imbus de l'esprit positif, du sentiment social et de tous les enseignements de la philosophie de l'histoire.

Car, en sociologie, comme en biologie, il n'y a pas de fonction sans organe. Un système d'éducation implique donc un corps enseignant, surtout quand cette éducation est une éducation populaire qui se propose d'agir sur l'ensemble de l'espèce humaine, sans distinction de condition, de sexe, d'âge, ni même de race et d'époque, et qui prétend exercer son influence sur tous les aspects de la nature et de la vie de l'individu.

La direction et le perfectionnement de la nature humaine n'ont jamais été, ils ne peuvent pas être l'œuvre de l'autorité. Celle-ci consacre les idées et les mœurs ; elle ne les institue pas.

Les hommes sont, heureusement, accessibles à un autre mode de discipline beaucoup plus tenace et despotique, d'ailleurs, la discipline des opinions et des croyances volontairement acceptées.

Mais la diffusion de nouvelles croyances exige d'abord un ardent apostolat de la part de ceux qui les professent et c'est à l'œuvre de ces initiateurs que la fondation du pouvoir spirituel positif est préalablement subordonnée.

Les autres organes ne lui feront pas défaut, dès que ses principes auront triomphé et quand il ne restera plus qu'à les appliquer.

Dès maintenant, sous le rapport intellectuel, du moins, ces organes existent, à l'état potentiel, jusque dans les campagnes, dans la personne de l'instituteur, du médecin, du vétérinaire et du pharmacien.

Seule, la fonction éducative, générale, que remplissait autrefois le prêtre catholique, est maintenant partout en désuétude : mais c'est en la restaurant que les philosophes positivistes entreront peut-être le mieux en contact avec le public contemporain, sans excepter les paysans qui se distinguent par un bon sens naturel et par une fraîcheur de sentiments remarquables. Ces derniers trouveront, d'ailleurs, dans ces philosophes, de chauds appréciateurs du rôle éminent que jouent les agriculteurs dans la vie économique, dans l'ordre et dans le développement de la civilisation générale.

Donc, pour que la régénération sociale, dont nous venons d'esquisser la solution idéale, se transforme en réalité, il suffirait peut-être que quelques hommes enthousiastes et bien armés intellectuellement, se missent à parcourir le monde, comme firent les chrétiens au temps de la naissance de leur religion, et à catéchiser, comme il convient, les populations.

Mais la fonction définitive du nouveau pouvoir spirituel est d'instituer, en pleine indépendance, un système d'éducation générale, conforme à la destination réelle de la vie humaine et comportant, par conséquent :

une éducation intellectuelle, ayant pour but de nous faire connaître la Famille, la Patrie, l'Humanité ;

une éducation morale, ayant pour but de nous faire aimer la Famille, la Patrie, l'Humanité ;

une éducation pratique, ayant pour but de nous faire servir la Famille, la Patrie, l'Humanité.

§ 3. — Moyens d'action du pouvoir spirituel positif.

Les moyens d'action, dont le pouvoir spirituel positif, systématisé, dispose, sont les moyens employés par tous ceux qui s'efforcent d'agir sur l'opinion publique dans un but collectif.

Ce sont l'exemple de la propre conduite de ses représentants qui doit être conforme à la doctrine qu'ils enseignent et aux devoirs qu'ils proposent, l'enseignement, les conférences, les fêtes, les solennités, les mariages, les funérailles, les livres, les revues, les œuvres de vulgarisation, l'appel à l'opinion par voie d'affiches ou d'adresses, dans les événements sociaux décisifs, le refus de concours, tous les procédés, en un mot, par lesquels on parvient à se faire croire.

De plus, le pouvoir spirituel positif peut se faire très efficacement seconder par un certain nombre d'œuvres immortelles propres à compléter ou suppléer son action directe.

Sans réduire la lecture et la méditation à celles d'un livre unique, comme les religions théologiques, il faut néanmoins reconnaître qu'il existe, en poésie, en science, en histoire, en philosophie et en morale, des livres vraiment sacrés, qui sont comme les titres de noblesse éternels de l'esprit humain, et que nul homme éclairé ne peut se dispenser de connaître.

On ne saurait trop relire et méditer ces livres pour se familiariser avec les leçons mémorables du passé et les grandes phases de l'évolution.

Auguste Comte a dressé le catalogue de ces ouvrages qui peuvent constituer le fonds essentiel de bibliothèques non seulement privées, mais populaires, d'une très salutaire influence sur la culture de l'esprit et du cœur.

§ 4. — Règlement du pouvoir spirituel positif.

Mais tout pouvoir tend à abuser.

Le pouvoir spirituel n'a, pas moins que le pouvoir temporel, besoin d'être contrôlé et réglé ; il ne peut et ne doit l'être que par l'opinion, sans l'appui de laquelle il est inexistant.

A cet effet, il faut, d'abord, qu'il soit complètement indépendant du pouvoir temporel, qu'il ne puisse conquérir l'opinion publique que par la persuasion et que ses doctrines ne puissent, à aucun titre, jamais être imposées.

Il résulte de cette nécessité qu'une pleine liberté d'exposition doit être instituée et que toutes les doctrines, philosophiques et morales, doivent être autorisées à tenter la conquête et la direction de l'opinion publique.

Le pouvoir spirituel philosophique représente l'extension à la direction de l'homme et des sociétés de la séparation entre la théorie et la pratique, si avantageusement réalisée aujourd'hui, dans tous les domaines de la connaissance scientifique.

L'indépendance mentale et morale lui est indispensable.

Il y a incompatibilité de nature entre les préoccupations des philosophes et celles des hommes d'Etat, entre le souci des problèmes généraux et celui des problèmes qui doivent être immédiatement résolus.

C'est pourquoi Frédéric II de Prusse n'avait pas tort de dire que « s'il avait une province à punir, il la ferait gouverner par un philosophe. »

Il faut, en outre, appliquer au pouvoir spirituel positif le principe de la séparation des Eglises et de l'Etat, invoqué contre les religions théologiques pour la sécularisation des institutions. Ce pouvoir spirituel ne doit pas être subventionné par l'Etat ; il ne doit être entretenu que par les subsides, librement accordés par ses partisans.

Auguste Comte concevait même (1) que, sans faire vœu de pauvreté, les philosophes, investis de la direction du pouvoir spirituel, devraient renoncer à la richesse ou, pour le moins, à tous bénéfices provenant de leur enseignement et de leurs ouvrages, de manière à donner personnellement l'exemple du désintéressement et du dévouement social.

Pour toutes ces raisons, le pouvoir spirituel positif ne peut, contrairement aux insinuations de quelques-uns de ses adversaires, inspirer ni crainte légitime de stagnation ou de rétrogradation, puisqu'il ne pourra conquérir et conserver de crédit sur l'opinion qu'en évoluant avec elle, ni crainte légitime d'oppression, puisqu'il ne pourra subsister qu'avec le concours et l'appui sympathique de cette opinion et qu'il n'aura sur elle d'autres moyens d'action que l'action intellectuelle et morale.

---

(1) *Politique Positive* : *IV* ; p. 71.

VI

Etat actuel de l'Organisation du Pouvoir spirituel positiviste

Toutes les conditions, ci-dessus reconnues comme essentielles à la constitution et à l'existence d'un nouveau pouvoir spirituel organisé, ne sont pas purement théoriques. Un certain nombre d'entre elles sont effectivement remplies par un organisme qui peut se prévaloir, aujourd'hui, de soixante-dix années d'expérience.

En effet, en répondant, de divers points du globe, à l'appel adressé, le 3 mars 1848, par *le fondateur de la Société positiviste à quiconque désire s'y incorporer*, les premiers admirateurs d'Auguste Comte ne rendirent pas seulement hommage à son génie et à sa personne ; ils souscrivirent simultanément aux principes formels énoncés dans la même circulaire, à savoir que la Société positiviste « a pour but général de faciliter l'avènement du nouveau pouvoir spirituel que le positivisme représente comme seul propre à terminer la révolution, par la fondation directe du régime final vers lequel tend aujourd'hui l'élite de l'humanité. »

Depuis lors, les assises du nouvel édifice sont, en réalité, posées, et non seulement le temps a passé sans les détruire, mais il a permis de commencer à les développer.

Postérieurement à Auguste Comte, de 1857 à 1903, les positivistes sont restés groupés autour de Pierre Laffite, que le maître avait désigné comme président de ses exécuteurs testamentaires, et, depuis la mort de ce dernier, ils ont fondé la *Société positiviste internationale* qui se propose, pour l'instant :

« De propager gratuitement le Positivisme, au moyen d'offices de renseignements, de cours, de conférences, de cérémonies, de missions philosophiques, de publications de toute nature, de bibliothèques, de salles d'étude, de prêts et de dons de livres ou de documents ;

« D'établir, à Paris, un centre permanent de convergence pour les divers groupes positivistes et pour les positivistes isolés, sans distinction de nationalité, de race, ni de sexe ;

« De fonder ultérieurement, à Paris, un Collège positiviste international ;

« De poursuivre, sous tous les aspects, en s'inspirant de l'esprit positif et relatif, la réalisation de la synthèse universelle des sentiments, des pensées et des volontés, dite Religion de l'Humanité, dont Auguste Comte a jeté les bases et, spécialement, d'instituer le culte correspondant, partout où les circonstances le permettront. »

La *Société positiviste internationale* est administrée par un directeur qui porte le titre de Directeur du Positivisme, et par un comité, dit *Comité positif occidental*, composé de représentants des diverses nations auxquelles les adhérents au Positivisme appartiennent. Ce comité peut renfermer trente trois membres ; il forme le noyau central du Positivisme et, malgré son obscurité présente, il fournit la preuve éclatante de l'aptitude de cette doctrine à réaliser l'unité du genre humain, puisqu'il se compose de représentants de l'Angleterre, de la France, du Portugal, de la Suède, de la Turquie, du Mexique et de la république d'Haïti.

La même confirmation de la valeur synthétique, sympathique et synergique du positivisme est, d'ail-

leurs, fournie par tous les membres de la *Société positiviste internationale* disséminés sur la planète. Partout,
ils exercent une action conforme à celle que je viens
de préconiser; ils répandent les idées que je viens
d'exposer; ils poursuivent le but que je viens de pré-
ciser. Ils sont uniquement rattachés les uns aux autres
par leur foi dans l'idéal qu'ils professent. Rien ne les
oblige d'adhérer à cette société; ils n'ont aucun intérêt
personnel à le faire; elle ne comporte que des sacrifices
de leur part; mais une force, plus puissante que toutes
les forces matérielles, plus tyrannique que tous les
intérêts, plus continue que toutes les passions, celle
des convictions, les rapproche et les unit.

En Angleterre, en Suède, en Hongrie, en Roumanie,
en Russie, en Turquie, aux Etats-Unis, au Mexique, à
Haïti, au Brésil, dans la République Argentine, au
Chili, en Chine, comme en France, le Positivisme a des
adeptes qui se donnent volontairement et unanimement
pour mission de le propager dans leurs milieux respectifs.

En se développant, en se multipliant, et surtout en
se fédérant, ces groupes commenceront à résoudre le
problème de l'organisation du pouvoir spirituel.

Déjà même, malgré la faiblesse numérique des éléments qui le forment, chacun des noyaux positivistes a,
dans sa sphère spéciale, modifié l'opinion publique avec
assez d'énergie pour déterminer des événements décisifs.

En France, le Positivisme a inspiré : Gambetta, dans
sa politique gouvernementale; Jules Ferry, dans ses
efforts pour la laïcisation de l'enseignement public et
dans sa lutte contre les privilèges des congrégations;
Spuller, dans sa conception d'un nouvel esprit politique;
plusieurs autres hommes politiques dans leur conduite.

Les positivistes français ont, de plus, pris l'initiative :

du mouvement de protestation qui a provoqué l'avortement du projet d'exiler les morts de Paris ; de l'érection d'une statue à Danton ; de l'érection d'une statue à Condorcet ; de la laïcisation de la maison natale de Jeanne d'Arc à Domrémy ; de l'érection d'un monument à Auguste Comte.

Dégagés des préjugés nationaux, les positivistes anglais ont, de leur côté, pris l'initiative du mouvement contre la guerre du Transvaal qui, dans l'empire britannique, a fini par se concilier l'opinion ; ils ont constitué de véritables églises positivistes à Londres et à Liverpool.

Le Positivisme a de même inspiré :

Benjamin Constant de Magalhaës dans la préparation et la constitution de la république brésilienne ;

La plupart des successeurs de Juarez dans le gouvernement du Mexique ;

Ahmed-Riza dans la préparation de la Révolution turque ;

Théoppilo Braga dans la culture de la génération qui a fondé la république au Portugal, dont il fut le premier président.

Donc, le pouvoir spirituel positiviste a fait ses preuves de vitalité et d'efficacité, au moins d'une manière indirecte ; il ne manque à ses représentants actuels que de la disponibilité et des ressources matérielles pour en donner des témoignages plus éclatants.

D'ailleurs, en admettant même que les positivistes se fassent des illusions sur leur influence, on ne peut nier qu'ils travaillent intelligemment et d'une manière consciente, à une évolution naturelle que la masse moutonnière subit, avec son habituelle passivité, sans pouvoir en arrêter ni même en modifier le cours majestueux.

L'Humanité marche, à grands pas, vers le règne de l'esprit positif, préparé par la révolution profonde qui s'accomplit dans les idées et dans les mœurs depuis la Renaissance. L'avènement d'un nouveau régime mental est presque réalisé. Tous ceux que la philosophie de l'histoire éclaire et qui méditent les enseignements de cette philosophie reconnaissent que son triomphe est fatal.

Beaucoup même s'efforcent de le hâter sans s'inspirer du Positivisme, comme nous l'avons vu à la fin du quatrième chapitre de cette étude.

Le besoin de coordination de l'opinion publique, déjà très impérieux avant la guerre de 1914-1918, n'a pas été détruit par cette catastrophe.

Au contraire, les intérêts de la morale et de la solidarité universelle se sont plus lumineusement révélés à tous les esprits ; ils ont dominé toutes les péripéties de la lutte et les gouvernements, substitués par la force des choses, au pouvoir spirituel défaillant, se sont solennellement fait les organes et les défenseurs de ces intérêts.

Ces enseignements ne resteront pas stériles. De nouveaux efforts pour l'organisation d'un pouvoir spirituel planétaire, encouragés par l'expérience, vont certainement en résulter.

Les faits et la pratique éclairant les hommes beaucoup mieux que les théories les plus brillantes, il est même vraisemblable que les institutions politiques nouvelles destinées à maintenir, consolider et développer la ligue des nations civilisées qui ont remporté la victoire contribueront à accélérer l'évolution en cours et pousseront à la recherche des moyens de réaliser l'unité mentale et morale, au moins dans ce précieux noyau d'Humanité.

Quoi qu'il arrive, les positivistes restent les mieux
qualifiés pour organiser le pouvoir spirituel, philosophique, que, plus que tous autres, ils reconnaissent
indispensable au gouvernement de l'Humanité et dont
ils proclament l'urgence ; ils doivent donc se dévouer
avec une ardeur persistante, à la diffusion de leur doctrine, bien faite d'ailleurs, pour susciter les enthou-
siasmes les plus persévérants.

Aujourd'hui, toutefois, nous devons nous placer en
face des réalités et nous préoccuper, non pas de ce que
sera le pouvoir spirituel positiviste au xxie siècle, ni
même au milieu du xxe, mais de le faire surgir.

Notre devoir immédiat ne comporte aucune incertitude.

Il consiste à prouver que le Positivisme est vraiment
un pouvoir spirituel en convertissant le plus d'adeptes
possible.

Pour l'obtention rapide de ce résultat, les moyens
peuvent momentanément nous manquer ; mais nous ne
devons pas nous décourager, pour le moins, d'entretenir
pieusement le foyer sacré dont nos prédécesseurs nous
ont légué la garde.

Au surplus, la valeur scientifique, philosophique et
sociale, du Positivisme, est indépendante des contin-
gences. On ne saurait le qualifier d'utopie irréalisable
parce qu'il est insuffisamment défendu par ses partisans
et n'opère pas des conversions en masse dans une
Humanité dépourvue de l'éducation préalable, nécessaire.

Un pareil jugement serait d'autant plus téméraire
qu'à défaut de ses disciples organisés, Auguste Comte
exerce lui-même un pouvoir spirituel continu. L'empire de son génie ne cesse de croître ; ses œuvres immortelles s'infiltrent par leur propre poids dans les esprits.
Ses idées, ses méthodes deviennent familières à des

hommes qui ne connaissent même pas son nom. Les lois naturelles qu'il assignait à l'évolution de la pensée, de l'activité, du sentiment, se vérifient continuellement. La résultante de leur triple action est donc inévitable.

Un pouvoir spirituel positif s'organisera. La religion de l'Humanité sera le couronnement de la civilisation; elle sera la providence du monde régénéré.

TABLE DES MATIÈRES

RIOM (PUY-DE-DOME)

IMPRIMERIE TYPOGRAPHIQUE F. FONFRAID

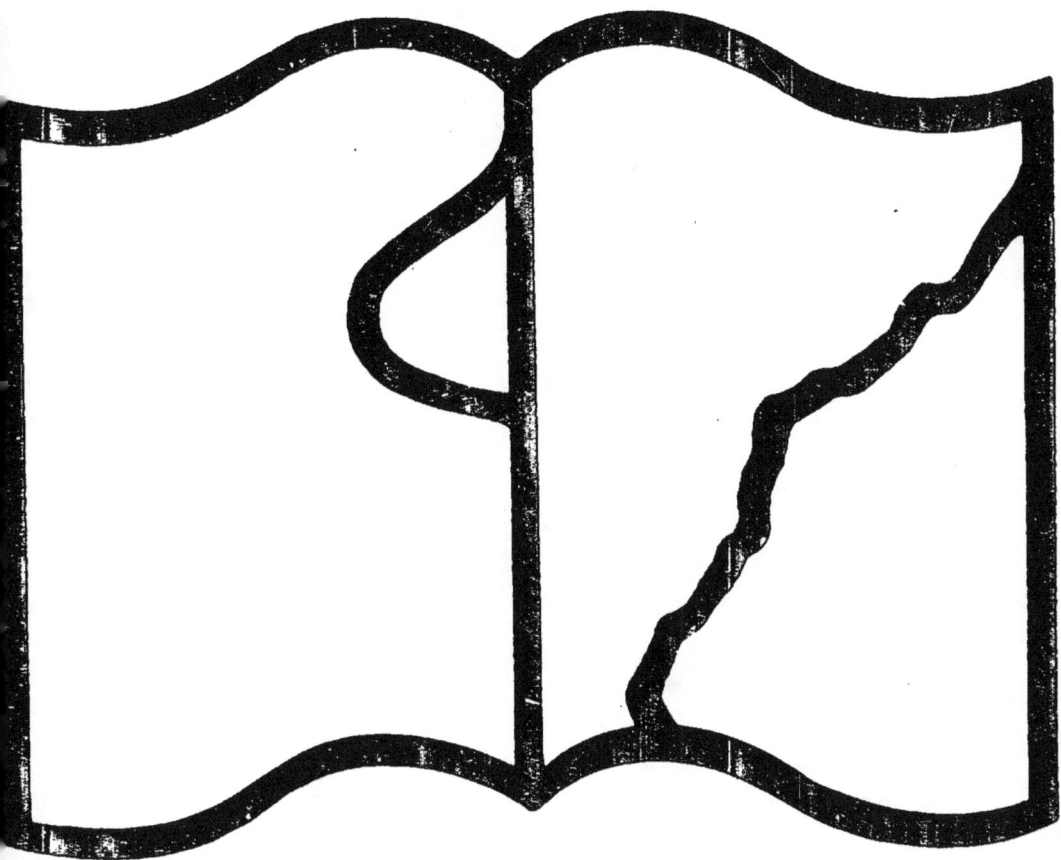

Texte détérioré — reliure défectueuse

NF Z 43-120-11

www.ingramcontent.com/pod-product-compliance
Lightning Source LLC
Chambersburg PA
CBHW060636100426
42744CB00008B/1650